GESELLSCHAFT FÜR DIDAKTIK DES SACHUNTERRICHTS (GDSU)
PERSPEKTIVRAHMEN SACHUNTERRICHT

Gesellschaft für Didaktik des Sachunterrichts e.V.

Verantwortliche Mitwirkende am Perspektivrahmen

Prof. Dr. Marco Adamina; Prof. Dr. Hans-Joachim Fischer; Prof. Dr. Hartmut Giest; Prof. Dr. Andreas Hartinger; Prof. Dr. Kornelia Möller; Prof. Dr. Dagmar Richter; Prof. Dr. Dietmar von Reeken

Die Perspektiven und die perspektivenvernetzenden Themenbereiche wurden verfasst von

Prof. Dr. Dagmar Richter (sozialwissenschaftliche Perspektive)
Prof. Dr. Hartmut Giest (naturwissenschaftliche Perspektive; Themenbereich „Gesundheit und Gesundheitsprophylaxe")
Prof. Dr. Marco Adamina (geographische Perspektive; Themenbereich „nachhaltige Entwicklung")
Prof. Dr. Dietmar von Reeken; Dr. Berit Pleitner (historische Perspektive)
Prof. Dr. Kornelia Möller; Dr. Monika Zolg (technische Perspektive)
Philipp Spitta (Themenbereich „Mobilität")
Prof. Dr. Markus Peschel (Themenbereich „Medien")

Die beispielhaften Lernsituationen wurden verfasst von

Prof. Dr. Dagmar Richter (Was macht Macht? Brauchen wir einen Klassensprecher?)
Prof. Dr. Hartmut Giest (Fliegen – Samenflieger/ Wie steuert ein Flugzeug? Lebensraum Teich/ Tiere am Teich; gesunde Ernährung)
Prof. Dr. Marco Adamina (Schulweg – Räume erkunden, sich orientieren; Vorstellungen und Bilder zur Erde; Kleider)
Dr. Katharina Kalcsics (Schule früher)
Dr. Berit Pleitner (Die Geschichte unseres Schulortes)
Prof. Dr. Kornelia Möller (Werkzeuge nutzen und etwas herstellen; Was macht Brücken so stabil?)
Philipp Spitta (Erkunden der Schulumgebung)
Prof. Dr. Markus Peschel (Recherchieren/Vergleichen)

Koordination

Prof. Dr. Andreas Hartinger; Prof. Dr. Hartmut Giest

Weiter wirkten mit

Prof. Dr. Eva Gläser; Prof. Dr. Eva Heran-Dörr; Prof. Dr. Joachim Kahlert; Prof. Dr. Walter Köhnlein; Prof. Dr. Detlef Pech; Prof. Dr. Claudia Schomaker; Prof. Dr. Jutta Wiesemann.

Den Mitgliedern der GDSU danken wir für ihre Anregungen.

PERSPEKTIVRAHMEN SACHUNTERRICHT

herausgegeben von der
Gesellschaft für Didaktik des Sachunterrichts
(GDSU)

vollständig überarbeitete und
erweiterte Ausgabe

VERLAG JULIUS KLINKHARDT
BAD HEILBRUNN 2013

Gesellschaft für Didaktik des Sachunterrichts e.V.
Die Gesellschaft für Didaktik des Sachunterrichts (GDSU) e.V. ist ein Zusammenschluss von Lehrenden aus Hochschule, Lehrerfortbildung, Lehrerweiterbildung und Schule. Ihre Aufgabe ist die Förderung der Didaktik des Sachunterrichts als wissenschaftlicher Disziplin in Forschung und Lehre sowie die Vertretung der Belange des Schulfaches Sachunterricht.
www.gdsu.de

Bibliografische Information der Deutschen Nationalbibliothek
Die Deutsche Nationalbibliothek verzeichnet diese Publikation
in der Deutschen Nationalbibliografie; detaillierte bibliografische Daten
sind im Internet abrufbar über http://dnb.d-nb.de.

2013.KK. © by Julius Klinkhardt.
Das Werk ist einschließlich aller seiner Teile urheberrechtlich geschützt.
Jede Verwertung außerhalb der engen Grenzen des Urheberrechtsgesetzes ist ohne Zustimmung des Verlages unzulässig und strafbar. Das gilt insbesondere für Vervielfältigungen, Übersetzungen, Mikroverfilmungen und die Einspeicherung und Verarbeitung in elektronischen Systemen.

Druck und Bindung: Friedrich Pustet, Regensburg.
Printed in Germany 2013.
Gedruckt auf chlorfrei gebleichtem alterungsbeständigem Papier.

ISBN 978-3-7815-1992-3

Inhaltsverzeichnis

1 Die Konzeption des Perspektivrahmens 9
  1.1 Der Bildungsanspruch des Sachunterrichts 9
  1.2 Das Kompetenzmodell des Perspektivrahmens 12
  1.3 Der Aufbau des Perspektivrahmens 16

2 Erfahrungsbezogenes Reflektieren und
grundlegendes Denken und Handeln im Elementarbereich .. 18

3 Perspektivenübergreifende Denk-, Arbeits- und
Handlungsweisen 20
  3.1 Erkennen/ Verstehen 21
  3.2 Eigenständig erarbeiten 22
  3.3 Evaluieren/ Reflektieren 23
  3.4 Kommunizieren/ Mit anderen zusammenarbeiten 24
  3.5 Den Sachen interessiert begegnen 25
  3.6 Umsetzen/ Handeln 26

4 Perspektivenbezogene Kompetenzen bzw.
Kompetenzansprüche 27
  4.1 Zur sozialwissenschaftlichen Perspektive:
      Politik – Wirtschaft – Soziales 27
      4.1.1 Zum Bildungspotenzial 27
      4.1.2 Perspektivenbezogene Denk-, Arbeits- und Handlungsweisen .. 30
      4.1.3 Perspektivenbezogene Themenbereiche 34
  4.2 Zur naturwissenschaftlichen Perspektive:
      belebte und unbelebte Natur 37
      4.2.1 Zum Bildungspotenzial 37
      4.2.2 Perspektivenbezogene Denk-, Arbeits- und Handlungsweisen .. 39
      4.2.3 Perspektivenbezogene Themenbereiche 42
  4.3 Zur geographischen Perspektive:
      Räume – Naturgrundlagen – Lebenssituationen 46
      4.3.1 Zum Bildungspotenzial 46
      4.3.2 Perspektivenbezogene Denk-, Arbeits- und Handlungsweisen .. 48
      4.3.3 Perspektivenbezogene Themenbereiche 51

4.4 Zur historischen Perspektive: Zeit – Wandel 56
    4.4.1 Zum Bildungspotenzial 56
    4.4.2 Perspektivenbezogene Denk-, Arbeits- und Handlungsweisen .. 58
    4.4.3 Perspektivenbezogene Themenbereiche 60
4.5 Zur technischen Perspektive: Technik – Arbeit 63
    4.5.1 Zum Bildungspotenzial 63
    4.5.2 Perspektivenbezogene Denk-, Arbeits- und Handlungsweisen .. 65
    4.5.3 Perspektivenbezogene Themenbereiche 68

5 Perspektivenvernetzende Themenbereiche 72
5.1 Mobilität 73
    5.1.1 Zum Bildungspotenzial 73
    5.1.2 Kompetenzbeschreibungen 74
5.2 Nachhaltige Entwicklung 75
    5.2.1 Zum Bildungspotenzial 75
    5.2.2 Kompetenzbeschreibungen 78
5.3 Gesundheit und Gesundheitsprophylaxe 80
    5.3.1 Zum Bildungspotenzial 80
    5.3.2 Kompetenzbeschreibungen 81
5.4 Medien 83
    5.4.1 Zum Bildungspotenzial 83
    5.4.2 Kompetenzbeschreibungen 85

6 Beispielhafte Lernsituationen für die einzelnen Perspektiven bzw. die perspektivenvernetzenden Themenbereiche 86
6.1 Beispielhafte Lernsituationen aus der sozialwissenschaftlichen Perspektive 87
    6.1.1 Beispiel für die Jahrgangsstufe 1/2: Was macht Macht? 87
    6.1.2 Beispiel für die Jahrgangsstufe 3/4:
          Brauchen wir einen Klassensprecher? 93
6.2 Beispielhafte Lernsituationen aus der naturwissenschaftlichen Perspektive 96
    6.2.1 Beispiel für die Jahrgangsstufe 1/2:
          Fliegen – Samenflieger/ Wie steuert ein Flugzeug? 96
    6.2.2 Beispiel für die Jahrgangsstufe 3/4:
          Lebensraum Teich/ Tiere am Teich 100

6.3 Beispielhafte Lernsituationen aus der
geographischen Perspektive 104
    6.3.1 Beispiel für die Jahrgangsstufe 1/2:
    Schulweg – Räume erkunden, sich orientieren 104
    6.3.2 Beispiel für die Jahrgangsstufe 3/4:
    Vorstellungen und Bilder zur Erde 108

6.4 Beispielhafte Lernsituationen aus der
historischen Perspektive 113
    6.4.1 Beispiel für die Jahrgangsstufe 1/2: Schule früher 113
    6.4.2 Beispiel für die Jahrgangsstufe 3/4:
    Die Geschichte unseres Schulortes 116

6.5 Beispielhafte Lernsituationen aus der
technischen Perspektive 119
    6.5.1 Beispiel für die Jahrgangsstufe 1/2:
    Werkzeuge nutzen und etwas herstellen 119
    6.5.2 Beispiel für die Jahrgangsstufe 3/4:
    Was macht Brücken so stabil? 125

6.6 Beispielhafte Lernsituation „Mobilität" (für die Jgstf. 1/2):
Erkunden der Schulumgebung 133

6.7 Beispielhafte Lernsituation „Nachhaltige Entwicklung"
(für die Jgstf. 3/4): Kleider 136

6.8 Beispielhafte Lernsituation „Gesundheit und
Gesundheitsprophylaxe" (für die Jgstf. 1/2):
Gesunde Ernährung 143

6.9 Beispielhafte Lernsituation „Medien" (für die Jgstf. 3/4):
Recherchieren/ Vergleichen 148

7 Hinweise zur Evaluation des Kompetenzerwerbs 152

8 Sicherung von Voraussetzungen für den Sachunterricht 153

1 Die Konzeption des Perspektivrahmens

1.1 Der Bildungsanspruch des Sachunterrichts

Kernziel der vorliegenden Überarbeitung des „Perspektivrahmens Sachunterricht" ist es, ihn so weiter zu entwickeln, dass er stärker als Grundlage für die kompetenzorientierte Planung, Durchführung und Evaluation von Sachunterricht dienen kann. Aus pädagogischer und aus didaktischer Sicht hat der Sachunterricht die anspruchsvolle Aufgabe, Schülerinnen und Schüler dabei zu unterstützen,
– Phänomene und Zusammenhänge der Lebenswelt wahrzunehmen und zu verstehen,
– selbstständig, methodisch und reflektiert neue Erkenntnisse aufzubauen,
– Interesse an der Umwelt neu zu entwickeln und zu bewahren,
– anknüpfend an vorschulische Lernvoraussetzungen und Erfahrungen eine belastbare Grundlage für weiterführendes Lernen aufzubauen,
– in der Auseinandersetzung mit den Sachen ihre Persönlichkeit weiter zu entwickeln sowie
– angemessen und verantwortungsvoll in der Umwelt zu handeln und sie mitzugestalten.

Das sachunterrichtliche Lernen leistet einen zentralen Beitrag zu *grundlegender Bildung*. Der unverzichtbare Referenzrahmen für das Fach Sachunterricht ist daher der Begriff der Bildung. Bildung betrachten wir als ein die Identität eines Menschen in zentraler Weise konstituierendes Merkmal. Sie erweist sich durch solidarisches und verantwortungsvolles Handeln in der natürlichen, kulturellen, sozialen und technischen Umwelt, welches einen bewussten, reflektierten und verständigen Umgang mit erworbenen Kompetenzen voraussetzt. Kompetenzen sind damit ein erforderliches, nicht jedoch ein hinreichendes Moment von Bildung. Die *besondere Aufgabe des Sachunterrichts* besteht darin, Schülerinnen und Schüler darin zu unterstützen, ihre natürliche, kulturelle, soziale und technische Umwelt sachbezogen zu verstehen, sie sich auf dieser Grundlage bildungswirksam zu erschließen und sich darin zu orientieren, mitzuwirken und zu handeln.
Das Lernen im Sachunterricht ist dabei Teil und Abschnitt eines umfassenderen Lerngeschehens und Lernprozesses. Die – in der Familie, in Kindertagesstätten oder anderswo erworbenen – Erfahrungen, Fähigkeiten und (Er-)Kenntnisse der Kinder bilden Ausgangspunkte des sachunterrichtlichen Lernens. Gleichermaßen sind die im Sachunterricht der Primarstufe erworbenen Kenntnisse, Konzepte und

Kompetenzen der Ausgangspunkt für das weiterführende Lernen. Der Sachunterricht legt Grundlagen für den Fachunterricht an weiterführenden Schulen. Daraus resultiert eine *doppelte Anschlussaufgabe*: Der Sachunterricht muss einerseits anschlussfähig sein *an die Lernvoraussetzungen*, an die vor- bzw. außerschulisch erlangten Wissensbestände und Kompetenzen sowie an die Fragen, Interessen und Lernbedürfnisse der Schülerinnen und Schüler. Anderseits muss er Anschluss suchen *an das in Fachkulturen erarbeitete, gepflegte und weiter zu entwickelnde Wissen*. Diese Anschlussfähigkeit ist zu sichern durch den Aufbau belastbarer Vorstellungen und Konzepte, durch die Fähigkeit der Schülerinnen und Schüler, sich sachbezogen neues Wissen und neue Denk-, Arbeits- und Handlungsweisen zu erwerben bzw. zu entwickeln sowie durch ihr Interesse an den Sachen des Sachunterrichts.

Ausgangspunkt sachunterrichtlicher Lernprozesse sind die Erfahrungen und die Lebenswelt der Kinder. Der Sachunterricht liefert dann einen Rahmen, in dem die Schülerinnen und Schüler über sachbezogene Lerntätigkeiten ihre Erfahrungen weiterentwickeln und dabei zentrale Kompetenzen erwerben können. Innerhalb dieses Rahmens sollen die Schülerinnen und Schüler die Möglichkeit erhalten, unterstützt durch anregende Lernangebote, durch eine sachlogisch begründete Sequenzierung der Inhalte und durch angemessene Impulse, Hilfestellungen und Rückmeldungen der Lehrpersonen zunehmend selbstständig zu lernen. Darüber hinaus schafft der Sachunterricht die Voraussetzungen dafür, dass Schülerinnen und Schüler ihre Erfahrungen und ihr Wissen reflektieren können, um neue Ideen und darauf bezogene Handlungsmöglichkeiten zu entwickeln und umzusetzen, kritische Haltungen aufzubauen und wertende Einschätzungen geben zu können. Der Sachunterricht unterstützt systematisches, reflektierendes und nachhaltiges Lernen. Er berücksichtigt Fragen und Deutungsmuster der Kinder und hilft ihnen, ihre Erklärungen und Begründungen angemessen zu versprachlichen, zu präsentieren und zu kommunizieren. Dabei geht es auch um die Auseinandersetzung mit der Qualität des Wissens: Wie lässt sich das, was wir selbst und was andere wissen, prüfen und nutzen?

Wir haben oben argumentiert, dass der Sachunterricht, um seiner Aufgabe gerecht zu werden, gleichermaßen die Fragen, Interessen und Lernbedürfnisse von Kindern berücksichtigen muss sowie das in Fachkulturen erarbeitete, gepflegte und weiter zu entwickelnde Wissen zu nutzen hat. Dieses gleichgewichtige und wechselseitige Berücksichtigen des „Spannungsfeldes" aus den Erfahrungen der Kinder *und* den (inhaltlichen und methodischen) Angeboten der Fachwissenschaften ist konstitutiv für den Sachunterricht. Im didaktischen Auswahlprozess müssen sich diese beiden Blickrichtungen bzw. Zugänge zur Welt gegenseitig kontrollieren. Die Orientierung an den Erfahrungen der Kinder grenzt das Risiko ein, dass Fachorientierung im Unterricht zu erfahrungsleeren Begriffen und Merksätzen führt. Und der auf die Anforderungen von Fächern gerichtete Blick verringert das Risiko, dass sich der Unterricht auf die bloße Reproduktion des Alltagswissens der Kinder beschränkt, Verfälschungen akzeptiert oder die Anschlussfähigkeit an das weitere Lernen verliert.

Sachunterricht ist eng mit *Sprachbildung* verknüpft. Die Sprache ist zunächst – im Aufbau und in der Verwendung von Begriffen oder beim sachgemäßen Argumentieren – ein wichtiges Mittel und Werkzeug sachunterrichtlichen Lernens. Als solches dient sie der Aneignung, der Verarbeitung, der Modellierung und Konzeptualisierung der Inhalte (durch Konstruktion und Repräsentation) sowie der darauf bezogenen Kommunikation, Reflexion und damit der Orientierung und Einordnung von Erfahrungen. Umgekehrt entwickelt sich die Sprache bei dieser Verwendung als Werkzeug. Sprachliche Ausdrucksformen im Sachunterricht knüpfen auch an die Erfahrungen und Vorstellungen und damit an die Alltagssprache der Kinder an. In der Auseinandersetzung mit den Sachen des Sachunterrichts müssen die Kinder lernen, Dinge, Erscheinungen und Zusammenhänge sachadäquat sprachlich darzustellen, um so – unterstützt von den Lehrerinnen und Lehrern – (auch individuelle) Wege von der Alltags- zur Bildungssprache zu finden. Damit fördern die einzelnen Perspektiven über die Alltagssprache hinweg die Entwicklung einer bestimmten (fach)sprachlichen Kultur. Sach- und Sprachbildung in dieser Ausrichtung berücksichtigt dabei Wege vom Exemplarischen zum Allgemeinen, vom Singulären zum Regulären, vom Konkreten zum Abstrakten. Der Sachunterricht leistet so einen wesentlichen Beitrag zur sprachlichen Bildung von Schülerinnen und Schülern, wenn (häufig sinnlich wahrnehmbare) „Sachen" (wie Gegenstände oder auch Prozesse) zu benennen sind, wenn Begrifflichkeiten (zur Bezeichnung gedanklicher Muster) zur präzisen Verständigung geklärt werden müssen oder wenn in Diskursen verschiedene Konzepte bzw. Ideen argumentativ darzustellen sind.

Kinder im Grundschulalter werden in Bezug auf ihre Lernfähigkeit häufig unterschätzt. Sachunterricht darf die Schülerinnen und Schüler nicht unterfordern. Er muss inhaltlich und methodisch anspruchsvoll gestaltet sein, um die Lernfähigkeit und Lernbereitschaft der Kinder bereits im frühen Alter zu nutzen. Wahrnehmungs-, Denk- und Lernbedingungen der Kinder sind dabei zu berücksichtigen. Der Anspruch, zur bildungswirksamen Erschließung der natürlichen, kulturellen, sozialen und technischen Umwelt beizutragen, stellt den Sachunterricht vor eine besondere curriculare Herausforderung. Er muss Bezug nehmen auf verschiedene natur- und sozialwissenschaftliche Disziplinen, in denen jeweils eigenes fachlich fundiertes Wissen und eigene methodisch bewährte Verfahren zur Verfügung gestellt werden. Diese inhaltliche Bandbreite des Sachunterrichts bietet einerseits vielfältige Möglichkeiten, an Erfahrungen und Interessen der Schülerinnen und Schüler anzuknüpfen. Andererseits stellt sich, angesichts der zahlreichen, zum Teil konkurrierenden, Bildungsangebote und -ansprüche an die Schulen des Primarbereichs die Frage nach der Ausrichtung und den Inhaltsschwerpunkten des Sach-

unterrichts: Worin soll sein spezifischer Beitrag zur Bildung der Schülerinnen und Schüler liegen? Was sollen Kinder am Ende der Primarstufe über ihre natürliche, kulturelle, soziale und technisch gestaltete Umwelt gelernt haben können – und warum?
Eine Antwort darauf möchte der Perspektivrahmen anbieten.

1.2 Das Kompetenzmodell des Perspektivrahmens

Die Ausrichtung und die Anliegen des Sachunterrichts werden als zu fördernde Kompetenzen und als Kompetenzerwartungen für die Schülerinnen und Schüler beschrieben. „Kompetent sein" heißt, kompetent für etwas zu sein. Wir betrachten Kompetenzen daher als Leistungsdispositionen zur Bewältigung von Anforderungen, die ihren Niederschlag in der Performanz und damit in der Fähigkeit des (kompetenten und verantwortungsvollen) Handelns (in variablen Situationen) finden. Dies impliziert ein Verständnis von Kompetenzen, das nicht nur kognitive Elemente und praktische Fähigkeiten und Fertigkeiten beinhaltet, sondern auch motivationale, volitionale und soziale Bereitschaften und Fähigkeiten mit einschließt. Im kompetenten Handeln werden neben diesen motivationalen, volitionalen und sozialen Komponenten vor allem *anwendungsfähiges Wissen über Inhaltsbereiche* (als eher deklarative Komponente) sowie *Denk-, Arbeits- und Handlungsweisen* (als eher prozedurale Komponente) wirksam.
Strukturiert wird der Perspektivrahmen Sachunterricht durch ein Kompetenzmodell (vgl. Abb.1). In diesem bilden sich die dargelegten Überlegungen zu Kompetenzen sowie die Besonderheit des Sachunterrichts als vielperspektivisches Fach ab:

Erste Unterscheidung:
Themenbereiche/ Denk-, Arbeits- und Handlungsweisen
Das Kompetenzmodell berücksichtigt *zwei Dimensionen*. Diese Dimensionen ergeben sich aus den Überlegungen zum kompetenten Handeln. In der einen Dimension liegen eher inhaltlich zu denkende *Themenbereiche, Fragestellungen und Konzepte* – und damit die stärker deklarative Komponente kompetenten Handelns. In der anderen Dimension sind eher prozedural zu denkende *Denk-, Arbeits- und Handlungsweisen* gefasst. Dies ist eine heuristische Trennung, um Schwerpunkte verdeutlichen zu können. In der konkreten Umsetzung (sowohl im Unterricht als auch in der Formulierung von Kompetenzen) sind immer die deklarative und die prozedurale Dimension zusammen zu denken. Ohne entsprechende Verfahren kann man keinen Inhalt erschließen, und umgekehrt ist es auch nicht möglich, abstrakt und inhaltsfrei Methoden oder Verfahren durchzuführen.

Dimension: Denk-, Arbeits- und Handlungsweisen	perspektivenübergreifende Denk-, Arbeits- und Handlungsweisen im Sachunterricht							
	erkennen/ verstehen	eigenständig erarbeiten	evaluieren/ reflektieren	kommunizieren/ zusammenarbeiten	den Sachen interessiert begegnen	umsetzen/ handeln	
	z.B. ordnen, vergleichen	z.B. Information erschließen	z.B. bewerten, einschätzen	z.B. austauschen, argumentieren	z.B. forschende Haltung zeigen	z.B. gestalten, Projekte realisieren	

perspektivenbezogene Denk-, Arbeits- und Handlungsweisen			perspektivenbezogene Konzepte/ Themenbereiche
z.B. verhandeln, urteilen, partizipieren	sozialwissenschaftliche Perspektive Politik – Wirtschaft – Soziales		z.B. Demokratie
z.B. untersuchen, experimentieren	naturwissenschaftliche Perspektive belebte und unbelebte Natur		z.B. Leben, Kraft
z.B. erkunden und sich in Räumen orientieren	geographische Perspektive Räume – Naturgrundlagen – Lebenssituationen		z.B. Raumnutzung
z.B. sich in Zeiten orientieren, rekonstruieren	historische Perspektive Zeit – Wandel		z.B. Wandel
z.B. konstruieren, herstellen, Technik nutzen	technische Perspektive Technik – Arbeit		z.B. Stabilität

z.B. Mobilität	z.B. Gesundheit	z.B. nachhaltige Entwicklung	z.B. Medien	Dimension: Konzepte/ Themenbereiche
perspektivenvernetzende Themenbereiche und Fragestellungen				

Abb. 1: Das Kompetenzmodell des Perspektivrahmens Sachunterricht

Zweite Unterscheidung:
Perspektivenbezogen/ Perspektivenübergreifend

Der Vielperspektivität des Sachunterrichts wird im Kompetenzmodell Rechnung getragen, indem diese beiden Dimensionen sowohl *perspektivenbezogen* als auch *perspektivenübergreifend* ausgearbeitet werden.

Perspektivenübergreifende Denk-, Arbeits- und Handlungsweisen

Die aufgeführten verschiedenen *perspektivenübergreifenden Denk-, Arbeits- und Handlungsweisen* (erkennen/ verstehen; eigenständig erarbeiten; evaluieren/ reflektieren; kommunizieren/ mit anderen zusammenarbeiten; den Sachen interessiert begegnen; umsetzen/ handeln) verweisen auf grundlegende Zielhorizonte des (sachunterrichtlichen) Lernens und Lehrens (s. auch Kap. 3). Sie markieren zentrale Fähigkeiten zur bildungswirksamen Erschließung der Lebenswelt und ziehen sich somit als Linie durch die Perspektiven hin zu den perspektivenvernetzenden Themenbereichen und Fragestellungen. Sie sind nicht überschneidungsfrei, enthalten jedoch unterschiedliche Schwerpunkte. Durch ihre allgemeine Auslegung sind sie auch eine Folie für die weitere Konkretisierung der Kompetenzbeschreibungen.

Die fünf Perspektiven
Um die Anschlussfähigkeit an die Sachfächer weiterführender Schulen und zugleich an die Lebenswelterfahrungen und Interessen von Kindern zu sichern, werden im Perspektivrahmen sowohl Themenbereiche als auch Denk-, Arbeits- und Handlungsweisen perspektivenbezogen in *fünf verschiedenen Perspektiven* gefasst:
- Sozialwissenschaftliche Perspektive (Politik – Wirtschaft – Soziales)
- Naturwissenschaftliche Perspektive (belebte und unbelebte Natur)
- Geographische Perspektive (Räume – Naturgrundlagen – Lebenssituationen)
- Historische Perspektive (Zeit – Wandel)
- Technische Perspektive (Technik – Arbeit)

Diese Perspektiven
- berücksichtigen relevante und bildungswirksame Erfahrungen von Kindern in der Auseinandersetzung mit ihrer natürlichen, kulturellen, sozialen und technischen Umwelt,
- sind hinreichend trennscharf, um Kompetenzen und Kompetenzfortschritte mit Bezug auf die in Fachkulturen entwickelten, bereitgestellten und gepflegten Inhalte und Methoden zu benennen und
- bieten Anschlussmöglichkeiten für die Lernangebote von Sachfächern in weiterführenden Schulen und stellen damit sicher, dass bedeutsame Wissensbereiche angemessen berücksichtigt werden.

Die Perspektiven sind vorrangig durch aus den Fachkulturen stammende Erkenntnisse, durch dort entwickelte Zugänge zur Erschließung von Fragestellungen sowie durch fachgemäße Methoden und Arbeitsweisen geprägt. Wichtiges Ziel ist es, den Schülerinnen und Schülern das Erschließungspotenzial der einzelnen Perspektiven nahezubringen und gleichzeitig zu verdeutlichen, dass dies jeweils *eine* sinnvolle Form des Ordnens und Deutens von Welt ist.
Für jede Perspektive sind daher Themenbereiche sowie Denk-, Arbeits- und Handlungsweisen formuliert, die jeweils als grundlegend bezeichnet werden können, und die zum Aufbau zunächst der perspektivenbezogenen (weiterführend aber auch der perspektivenübergreifenden) Kompetenzen geeignet sind. Sowohl den perspektivenbezogenen Themenbereichen als auch den perspektivenbezogenen Denk-, Arbeits- und Handlungsweisen werden jeweils Kompetenzbeschreibungen zugeordnet. Diese Kompetenzbeschreibungen sind nicht additiv zu interpretieren: Wie oben bereits dargestellt, dient die Unterscheidung in eine stärker deklarative und in eine stärker prozedurale Dimension heuristischen bzw. struk-

turierenden Zwecken. Inhalte sind nicht ohne Verfahren denkbar und umgekehrt. Es ist zwar sinnvoll, entsprechende Schwerpunkte zu setzen; eine voneinander isolierte Behandlung von Inhalten und Verfahren und damit auch eine isolierte Konkretisierung (z.b. bei den Kompetenzformulierungen oder im Unterricht) einer der beiden Dimensionen ist jedoch nicht möglich. Von daher sind Redundanzen in den Kompetenzformulierungen unvermeidlich und durchaus sinnvoll. Die den Perspektiven zugeordneten Kompetenzen (vgl. Kap. 4.) sollen eine Orientierung für die konkrete Ausgestaltung von Unterricht bieten. Sie sind als Kompetenzerwartungen bzw. -ansprüche an die Schülerinnen und Schüler möglichst konkret formuliert. Sie sind jedoch auch so offen gehalten, dass in der Gestaltung des Unterrichts die Bedürfnisse, Fragen und Erfahrungen der Kinder, ihre spezifische gesellschaftliche Situation, aber auch die besonderen Fähigkeiten und Interessen von Lehrkräften zum Tragen kommen können. Damit erlauben sie es, den individuellen Lernwegen und Entwicklungschancen von Kindern Rechnung zu tragen und gleichzeitig das Fundament für weiterführendes Lernen grundzulegen.

Perspektivenvernetzende Themenbereiche
Neben dieser perspektivenbezogenen Darstellung sind im Sachunterricht Themenbereiche und Fragestellungen auch perspektivenübergreifend bzw. -vernetzend in den Blick zu nehmen. Die perspektivenvernetzenden Themenbereiche binden die Perspektiven zusammen, machen Zusammenhänge deutlich und ermöglichen es somit, dass das Wissen auf die Lebenswirklichkeit der Kinder zurückgeführt werden kann. Viele Erfahrungen der Kinder mit und in ihrer Lebenswelt sind, genauso wie der Großteil ihrer Interessen und Fragestellungen, nicht einzelnen perspektivenbezogenen Inhalten oder gar aus akademischen Fachtraditionen entwickelten Themen zuzuordnen. Das Lernen der Kinder ist immer in vielfältige Bedeutungshorizonte eingebettet, die dazu führen, dass sich die verschiedenen Perspektiven überlappen. Es wäre eine Reduzierung und Einengung der – für die Gestaltung von Unterricht zentral bedeutsamen – Erfahrungen, wenn sie im Unterricht zu schnell auf fachliche Aspekte und Fragen reduziert werden sollten. Der oben geforderte Zusammenhang zwischen dem Wissenserwerb und den Erfahrungen der Schülerinnen und Schüler in ihrer Lebenswelt wäre dann nur eingeschränkt aufrecht zu halten.
Zudem erfordern auch die Fragestellungen und Probleme der (modernen) Welt fast immer eine Betrachtung aus verschiedenen Perspektiven und die gleichzeitige Berücksichtigung unterschiedlicher Denk- und Arbeitstraditionen. Als Beispiel sei hier nur die gesellschaftliche Kernfrage der nachhaltigen Entwicklung genannt. Ohne die gleichzeitige Berücksichtigung naturwissenschaftlicher Gesetzmäßigkeiten und technischer Möglichkeiten in Verbindung mit z.B. politischen und ökonomischen Interessen lassen sich immer nur einzelne unzureichende Teilaspekte erkennen. Solche vernetzten, systemischen Bezüge sollten nicht den

aus den jeweiligen Traditionen der (akademischen) Fachdisziplinen kommenden Strukturen weichen müssen, sondern mit ihnen im Unterrichtsgeschehen zu einer sinnstiftenden Einheit verbunden werden. Die perspektivenbezogen formulierten Kompetenzansprüche werden konsequenterweise daher auch für die Kompetenzformulierungen in diesen perspektivenvernetzenden Themenbereichen und Fragestellungen genutzt bzw. lassen sich in diesen Kontexten konkretisiert wiederfinden.

Das vorgestellte sachunterrichtliche Kompetenzmodell ist als eine Art „Gerüst" zu sehen, mit dem Sachunterricht strukturiert und in seiner Vielfältigkeit und seiner Vernetzung genauer betrachtet werden kann. In der unterrichtlichen Konkretisierung wird es immer fließende Grenzen geben. Überschneidungen entstehen aus der komplexen Natur der zu erschließenden „Sachen", aus der Berücksichtigung der Lernausgangslagen, Erfahrungen, Bedürfnisse, Interessen und Fragestellungen der Schülerinnen und Schüler und nicht zuletzt aus der Definition von Kompetenzen mit deklarativen und prozeduralen Schwerpunkten. Weder die Unterteilung in „perspektivenbezogen" und „perspektivenübergreifend bzw. -vernetzend" noch die Unterscheidung in „Themenbereiche" und „Denk-, Arbeits- und Handlungsweisen" ist daher klar abgrenzend – die jeweils formulierten Kompetenzanforderungen sind somit auch nicht als additiv zu betrachten.

Durch die Orientierung an den beschriebenen Grundkategorien kann das Modell jedoch helfen, präziser zu formulieren, welche Kompetenzen durch das Fach Sachunterricht unterstützt werden sollen und können. Damit dient es auch als Brücke zur Unterrichtspraxis, indem ausgehend von dieser Präzisierung Unterrichtsbeispiele zur Förderung der Kompetenzen entwickelt werden können. Und umgekehrt kann man somit auch analysieren, welche Kompetenzen durch einzelne Unterrichtseinheiten gefördert werden können.

1.3 Der Aufbau des Perspektivrahmens

Die grundlegenden Überlegungen zu den Aufgaben des Sachunterrichts sowie zum Kompetenzverständnis und -modell wurden in den vorigen Abschnitten beschrieben.

In Kap. 2 werden Überlegungen zum sachunterrichtsbezogenen Lernen im *Elementarbereich* formuliert. Der Sachunterricht der Primarstufe ist Teil eines (im gelungenen Fall) lebenslangen Lernprozesses. Die Anschlussfähigkeit an weiterführendes Lernen wird in den einzelnen Perspektiven berücksichtigt – sie ergibt sich auch aus der Tatsache, dass die in Fachkulturen entwickelten Wissensbestände, Konzepte und Methoden Einfluss auf die Formulierung der Themenbereiche sowie der Denk-, Arbeits- und Handlungsweisen hatten. Zugleich muss Sachunterricht auch an das vorschulische Lernen anschlussfähig sein – die Herausforde-

rungen und die dort zu berücksichtigenden Fähigkeiten, Wissensbestände und Einstellungen werden in diesem Kapitel herausgearbeitet.
Sachunterricht ist in Deutschland als vielperspektivisches Fach konzipiert. Dies bedeutet, dass es zwar erforderlich ist, perspektivenbezogene Kompetenzen zu formulieren, dass aber gleichzeitig die Vernetzung über die Perspektiven hinweg nicht zu vernachlässigen ist. Dies geschieht auf zweierlei Weise: Zum einen bilden *perspektivenübergreifende Denk-, Arbeits- und Handlungsweisen* die Grundlage sachunterrichtlichen Lernens und Lehrens – die hier beschriebenen Denk-, Arbeits- und Handlungsweisen haben über die verschiedenen Perspektiven hinweg Gültigkeit (vgl. Kap. 3). Zum anderen integrieren die *perspektivenvernetzenden Themenbereiche und Fragestellungen* die verschiedenen Einzelperspektiven – dadurch wird deutlich, inwieweit erst das Zusammenspiel verschiedener perspektivenbezogener Kompetenzen einen kompetenten Umgang in komplexen Feldern ermöglicht. Im Rahmen des Perspektivrahmens Sachunterricht wird dies exemplarisch an vier Beispielen aufgezeigt (Kap. 5).

Die Darstellung der *perspektivenbezogenen Kompetenzen* geschieht in Kap. 4. Wir erachten die hier formulierten Kompetenzen als grundlegend für alle Schülerinnen und Schüler. Es wäre wünschenswert, wenn im Sachunterricht der Grundschule jedes Kind diese Kompetenzen erwerben und entwickeln könnte. Wir sehen die hier formulierten Kompetenzen jedoch nicht als festen Kanon, der von Lehrerinnen und Lehrern im Unterricht abzuarbeiten ist. Uns ist durchaus bewusst, dass dies unter den aktuellen Bedingungen der Schulwirklichkeit u.U. nicht möglich ist. Unabhängig davon werden sie in diesem Umfang genannt, zum einen, um das Potenzial des Faches Sachunterricht zu verdeutlichen, zum anderen, um durch die Zuordnung zu Themenbereichen sowie zu Denk-, Arbeits- und Handlungsweisen eine begründete Auswahl und Schwerpunktsetzung für den Unterricht in den einzelnen Schulen unter den jeweiligen speziellen Bedingungen zu ermöglichen.

Um aufzuzeigen, wie der vorliegende Perspektivrahmen Sachunterricht für die kompetenzorientierte Planung, Durchführung und Evaluation von Sachunterricht genutzt werden kann, wurden *Beispiele* entwickelt, die zeigen, wie Lerngelegenheiten gestaltet werden können, um bestimmte Kompetenzen zu fördern. Sie zeigen dabei auch auf, dass durch entsprechend gestaltete Lernsituationen immer mehrere Kompetenzen zugleich berücksichtigt und unterstützt werden. Diese Beispiele finden sich in Kap. 6 – naturgemäß kann dies im Rahmen dieses Perspektivrahmens nur exemplarisch geschehen (ein Ergänzungsband mit Beispielaufgaben, die systematisch das Bildungs- und Kompetenzfeld des Perspektivrahmens abbilden, ist in Planung). Aufgeführt werden jeweils Unterrichtsmaterialien und -situationen (inkl. der Aufgaben und Aufträge für die Schülerinnen und Schüler) sowie die in diesem Unterricht geförderten Kompetenzen. Hinweise zur Lernsituation bzw. zur erwartenden Ausgangslage sowie Alternativen ergänzen die Beispiele. Abschließend werden Möglichkeiten skizziert, wie Lehrerinnen und

Lehrer feststellen können, inwieweit die Schülerinnen und Schüler die genannten Kompetenzen erworben haben.

Die Formulierung anzustrebender Kompetenzen ist ein erster Schritt – die Überprüfung, inwieweit die einzelnen Schülerinnen und Schüler diese erreichen, der konsequente zweite. Er ist erforderlich, um Lernerfolge zu erkennen und um somit auch Hinweise über die Wirksamkeit des Unterrichts zu erhalten. In Kap. 7 werden daher knapp einige allgemeine Hinweise dazu gegeben.

Die Umsetzung der in diesem Perspektivrahmen formulierten Ideen ist eine große Aufgabe. Aus diesem Grund werden abschließend (Kap. 8) einige Bedingungen formuliert, die für diese Aufgabe erforderlich sind.

2 Erfahrungsbezogenes Reflektieren und grundlegendes Denken und Handeln im Elementarbereich

Ein auf die Perspektiven von Fachkulturen bezogenes und durch Fachdisziplinen mitgeprägtes Denken und Handeln, wie es im Sachunterricht der Grundschule gefordert wird, benötigt Voraussetzungen, die bereits in vorschulischen Bildungsprozessen grundgelegt werden. Diese finden üblicherweise nicht unter den Bedingungen von Schule und Unterricht statt. Sie sind nicht oder nur ansatzweise systematisch und curricular angelegt, auch wenn inzwischen Orientierungs- und Bildungspläne für den frühkindlichen Bereich vorliegen. Ihr Medium sind zunächst das freie Kinderspiel sowie das Alltagsleben. In pädagogisch gestalteten Situationen können darüber hinaus Denkweisen der Kinder aufgegriffen und unter Bildungsgesichtspunkten weiterentwickelt werden. Eine Orientierung an den Fachkulturen kann Erzieherinnen und Erziehern dabei helfen, das Bildungspotenzial solcher Lernsituationen adäquat zu planen, zu begleiten und auszuwerten. In diesem Sinne werden im frühen Kindesalter anknüpfend an den Erfahrungen und Vorstellungen der Kinder Fähigkeiten und Fertigkeiten (u.a. Beobachten, Erkunden, Versuche durchführen), Wissens- und Verstehensbestände sowie Motivationen und Einstellungen erworben, die sich zunehmend auch zu domänenspezifischem Denken und Handeln entwickeln können.

Diese Lernprozesse stehen auch in anthropologischen Entwicklungs- und Bildungszusammenhängen, die sich nicht aus der Perspektive von Fachkulturen alleine verstehen lassen. Spielerisches, alltägliches, pädagogisch initiiertes und entdeckendes Lernen ist im frühen Kindesalter weitgehend als unmittelbar lebenswelt- und situationsbezogen zu verstehen und zu fördern. Für die vorschulische Entwicklung ist es insofern bedeutsam, als perspektivenübergreifende Denkweisen – vom Kinde aus – im Zentrum stehen.

Im Folgenden werden die wichtigsten Fähigkeiten, Wissensbestände und Einstellungen beschrieben, die in vorschulischen Lernprozessen erworben werden sollten, und die im Sachunterricht der Grundschule weitergeführt werden.

1. Explorieren und Erfahren: Zu einem produktiven Faktor der Entwicklung wird das frühkindliche Explorieren dann, wenn die Welt und ihre Phänomene eigenaktiv erkundet werden können, wenn immer neue Zugänge gesucht und gefunden werden, wenn Kinder sich ihrer Erfahrungen bewusst sind, wenn sie sie mit anderen – auch widersprüchlichen Erfahrungen – in Verbindung bringen und wenn sie sie kommunizieren können. Die Fähigkeit zur Exploration hängt vom Umfang und der Qualität gemachter Erfahrungen ab und ist zugleich eine Voraussetzung für künftige Erfahrungen. Um diese Fähigkeit zur Exploration entwickeln zu können, brauchen Kinder Spielräume der Exploration in reichen und bedeutsamen Erfahrungswelten. Dabei entwickeln die Kinder nicht nur Wissen, sondern auch die Voraussetzungen der Exploration und der Wissensbildung, wie Bewegungslust und Aktionsfreude, Wachheit und Aufgeschlossenheit, Aufmerksamkeit und Konzentration, Neugierde und Lust am Ausprobieren, Mut, Ausdauer und Geschicklichkeit. Es gilt, Erfahrungswelten in den verschiedensten Lernbereichen als Angebote bereitzustellen. Attraktivität und Zugänglichkeit sowie angemessene Aufbereitung und Strukturierung der Angebote sind dabei lernbedeutsam.

2. Implizites Wissen und Begriffsbildung: Frühkindliches Wissen ist zunächst implizites Wissen und als solches in hohem Maße körperlich, leiblich begründet. Es ist insoweit auch Bewegungs- und Aktionswissen und kommt in Eindrücken, Empfindungen und Wahrnehmungen zum Ausdruck, die Kinder an den Begegnungen und Phänomenen gewinnen. Es gründet in lebensweltlich vermittelten Bedeutungen und Wertigkeiten, in sozialen Beziehungen und Alltagspraktiken. Implizites Wissen ist Voraussetzung und Grundlage für Bewusstmachung und Explikation, für die Entwicklung von Sprache, für begrifflich-abstrahierendes Denken. Es bildet sich in unmittelbarer Berührung, Anschauung, Begegnung, Erfahrung, Beobachtung und Erforschung der Lebenswelt durch die Kinder.
Darauf aufbauend können Kinder angeregt und herausgefordert werden, ihr implizites Wissen sprachlich zu explizieren und dabei bewusste Vorstellungen bzw. Konzepte zu entwickeln, mit denen sie sich natürliche und soziale Phänomene ihrer Welt erklären. Es gilt, diese Vorstellungen sichtbar werden zu lassen und den Kindern daran anknüpfende Lernsituationen zum Entdecken, Beobachten, Experimentieren oder Befragen zur Verfügung zu stellen, um sie bereits von Beginn an auf dem Wege zum Verstehen der Welt zu begleiten.

3. Nachdenken und Reflektieren: Kindern im Kleinkind- und Vorschulalter stehen bereits vielfältige sprachliche und nichtsprachliche Ausdrucksformen zur Verarbeitung ihrer (Lern-)Erfahrungen zur Verfügung. Frühe Formen der Reflexion nutzen direkte und unmittelbare Erfahrungen im mimetischen Nachspüren und Nacherleben. Etwas nachspielen, nachgestalten, nachmachen, erzählen u.a.m. sind Mittel dazu. Hier drücken Kinder aus, was ihnen Erlebnisse und Erfahrungen subjektiv bedeuten. Die Sprachen des ästhetischen Ausdrucks und der Gestaltung gründen in Formen wie z.B. Musik, bildende Kunst, Tanz, Theater, Poesie. Daneben können Kinder bereits herausgefordert werden, Distanz zu ihren Erfahrungen zu suchen, sie im Medium einer begrifflich-abstrahierenden Sprache als Sache und Gegenstand zu gewinnen und ordnend zu überschauen. Elementare Sprach- und Reflexionskompetenz schließt in diesem Sinne verschiedene, multiple Repräsentationsformen und Reflexionsmodi ein. Es gilt, die Kinder dazu anzuregen, ihre verschiedenen Ausdrucksformen zu nutzen und ihre Reflexionen in unterschiedlichen Modi und Ausdrucksweisen mitzuteilen.

4. *Erfahrungen objektivieren, Ko-Konstruieren, Ordnen:* Von Erfahrungen anderer zu lernen, Überlieferungen, kulturelle Wissensbestände zu nutzen, sich an intersubjektiven kulturellen Maßstäben des Wissens zu orientieren, eine kritisch prüfende Haltung gegenüber eigenem und fremdem Wissen einzunehmen, sind wichtige Bildungschancen. Bevor jedoch das Wissen und die Reflexion sich in diesem Sinne objektivieren können, müssen sie subjektiv grundgelegt sein. Primär ist daher die Fähigkeit, einen eigenen Standpunkt zu beziehen, die eigene Sicht zu artikulieren, eigene Erfahrungen in eigener Sprache deutend zu ordnen, Deutungen einander mitzuteilen, auszutauschen und gemeinsam darüber nachzudenken. Dabei werden auch Standpunkte von anderen erfahren, aufgenommen und verarbeitet. Dazu gehört auch das Anlegen von Sammlungen und damit verbunden das Ordnen und Klassifizieren der Gegenstände. Es gilt, die Kinder dazu anzuregen, eigene Erfahrungen einander mitzuteilen und die Erfahrungen anderer aufzunehmen und zu verarbeiten. Somit können die Kinder dann sowohl von Erwachsenen als auch von Peers lernen.

3 Perspektivenübergreifende Denk-, Arbeits- und Handlungsweisen

Es wurde oben bereits dargestellt, dass die hier formulierten *perspektivenübergreifenden Denk-, Arbeits- und Handlungsweisen* auf grundlegende Aspekte des (sachunterrichtlichen) Lernens und Lehrens verweisen. In ihnen werden zentrale Facetten der bildungswirksamen Erschließung der Lebenswelt beschrieben. Sie sind von daher zunächst recht abstrakt, konkretisieren sich jedoch dann in der Formulierung der Kompetenzen in den einzelnen Perspektiven bzw. in den perspektivenvernetzenden Themenbereichen. Eine solche Konkretisierung ist – insbesondere dann auch für die Unterrichtspraxis – unerlässlich. Erst in der Verbindung mit einzelnen Themen und Inhalten können in der Schule angemessene Lernsituationen und -möglichkeiten für die Schülerinnen und Schüler entstehen. Formal oder inhaltsleer lassen sich diese perspektivenübergreifenden Denk-, Arbeits- und Handlungsweisen nicht ausbilden.

3.1 Erkennen/ Verstehen

Für das Verstehen eines Sachverhalts ist das Vorhandensein von deklarativem Wissen eine erforderliche, aber nicht hinreichende Bedingung. Verstehensprozesse entstehen dann, wenn Wissensbestände sinnvoll aufeinander bezogen, mit bereits vorhandenen Wissensstrukturen verbunden werden sowie kommunizierbar und gegenüber Gegenargumenten belastbar sind. Damit bildet das Verstehen sowohl eine zentrale Grundlage für kompetentes Handeln als auch die Basis für weitere Verstehensprozesse. Schülerinnen und Schüler erwerben ein solches Verständnis und (wissenschaftlich) belastbare Konzepte, indem sie ihre eigenen – zunächst aus ihren lebensweltlichen Erfahrungen und ihrem Erleben, später auch in formalisierten Bildungskontexten erworbenen – Vorstellungen zunehmend bewusst und reflektiert überprüfen (z.B. durch Versuche oder durch die Konfrontation mit anderen Sichtweisen) und diese dann entsprechend differenzierend weiterentwickeln oder verändern.

Folgende Lernmöglichkeiten (und -situationen) unterstützen das Erkennen/ Verstehen von Schülerinnen und Schülern:
– Aufgaben, in denen gezielt Vorerfahrungen aktiviert werden und zu verbalisieren sind
– Partner- und Gruppenarbeiten, in denen Wissensbestände anderen Kindern darzustellen und zu erklären sind
– Partner- und Gruppenarbeiten, in denen man einen Einblick in andere Vorstellungen und Wissensbestände erhalten kann und in denen gemeinsam Vorstellungen und Wissen konstruiert werden
– Diskussionen, in denen Schülerinnen und Schüler mit Argumenten konfrontiert werden, die ihrer Position oder ihrem Wissensstand widersprechen, in denen sie diese Argumente dann durchdenken, gegebenenfalls widerlegen oder diese akzeptieren
– selbstständige Erarbeitungsprozesse (z.B. durch Recherchen, Versuche), in denen zunächst Vermutungen expliziert werden und anschließend die Ergebnisse des Erkenntnisgewinns auf diese Vermutungen zu beziehen sind
– komplexe, problemhaltige Aufgabenstellungen, die eine Übertragung vorhandenen Wissens in neue Kontexte erfordern

– Aufgaben, in denen Wissensbestände aus unterschiedlichen Perspektiven zusammen zu führen sind

3.2 Eigenständig erarbeiten

Sich eigenständig Sachen und Situationen zu erarbeiten und damit neues Wissen und neue Kompetenzen zu erwerben, ist eine zentrale Fähigkeit in einer Welt, in der sich das (akademische) Wissen schnell entwickelt und verändert. Ausgangspunkt eines solchen eigenständigen Erarbeitens sind Fragen oder Aufgaben, die Lernende aus eigenem Interesse entwickeln oder die sie sich zu eigen machen. Um den Fragen dann nachzugehen, sind angemessene Wege zur Beantwortung zu finden. Dazu ist es erforderlich, verschiedene Methoden der Erkenntnisgewinnung zu kennen und angemessen durchzuführen, wie z.B. Texte bearbeiten, Experten befragen, im Internet recherchieren oder ein angemessenes Experiment entwickeln. Hierzu sind in vielfältiger Weise unterschiedliche Medien zu nutzen – vom originalen Gegenstand über klassische Printmedien bis zu digitalen Medien – wobei ihre besondere Spezifik zu beachten ist. Anschließend sind die Ergebnisse aus eigenen Arbeiten festzuhalten und gegebenenfalls anderen Personen vorzustellen. Teil des Lernprozesses ist auch, die Prozesse und Produkte des Lernens zu beurteilen, dabei zu erkennen, wie man sich Sachen erschließen kann, wo die eigenen Stärken sind und was noch Mühe bereitet. Die Erfahrungen aus bereits durchgeführten Vorhaben dienen dann als Grundlage für die Bearbeitung neuer Aufgaben und Fragestellungen.

Schülerinnen und Schüler lernen demnach, ein eigenes Vorhaben zu planen, zu entscheiden, wie vorzugehen ist, die Arbeitsschritte nach eigener Planung durchzuführen und abschließend zu reflektieren. Solche Erarbeitungsprozesse werden häufig mit anderen Lernenden durchgeführt, wenn gemeinsame Planungen stattfinden oder wenn einzelne Personen in gemeinsamen Vorhaben Verantwortung für Teilaufgaben übernehmen, diese umsetzen und die Ergebnisse dann in die Gruppe einbringen.

Folgende Lernmöglichkeiten (und -situationen) unterstützen das eigenständige Erarbeiten von Schülerinnen und Schülern:
– Aufgaben und Fragen, die selbstständig mit Hilfe bereitgestellter Informationsmaterialien bearbeitet werden
– kleine Vorhaben, die selbstständig zu planen und bei denen die erforderlichen Arbeitsschritte festzulegen sind
– Aufgaben, in denen unterschiedliche Methoden der Informationsgewinnung angemessen durchgeführt werden müssen (z.B. Texte durcharbeiten, Experten befragen, im Internet recherchieren)
– Erkundungen und Untersuchungen, die die Schülerinnen und Schüler (teilweise) selbst planen und ausführen können

- Hilfen zur selbstständigen Verschriftlichung und Notation von Arbeitsergebnissen
- Reflexionsphasen, in denen die Schülerinnen und Schüler ihre selbst gewählten Lernwege erläutern, begründen und überprüfen, eigene Lernerfahrungen beschreiben, ihre Stärken und Schwächen beim Lernen einschätzen und diese Erfahrungen auf andere Lernsituationen übertragen
- Präsentationen vor unterschiedlichen Personengruppen (z.B. in der Klasse oder vor Eltern)

3.3 Evaluieren/ Reflektieren

Das Reflektieren und bewertende Evaluieren sind die Grundlage für einen verantwortungsvollen Umgang mit den Sachen sowie für ein Handeln in der Gesellschaft, das nicht nur die eigenen Wünsche und Interessen, sondern auch die anderer Personen berücksichtigt. Kern des Reflexionsprozesses ist das gedankliche Überprüfen und Erproben eigener und fremder Denkweisen oder Meinungen über den Gegenstand der Reflexion.
Ein solches Reflektieren kann mit Blick auf perspektivenbezogene Fragestellungen unter dem Aspekt der fachlichen Belastbarkeit einer These sowie bezogen auf den eigenen Lernprozess geschehen. Das Reflektieren und Evaluieren muss jedoch auch für die Berücksichtigung von Normen- und Wertfragen offen sein. Die Bewertung eines Sachverhalts und damit das Ergebnis einer solchen Reflexion sind per se subjektiv, sie müssen jedoch bestimmten Regeln des sachgemäßen Urteilens folgen sowie kommunizierbar sein.

Folgende Lernmöglichkeiten (und -situationen) unterstützen das Evaluieren/ Reflektieren von Schülerinnen und Schülern:
- die explizite Verbalisierung von Vermutungen und Vorerfahrungen vor der Erarbeitung neuen Wissens, um diese anschließend gezielt zu bestätigen oder abzulehnen
- Lernsituationen, in denen zu Vermutungen mögliche Alternativvermutungen eingefordert werden, um über die Hintergründe und Argumente für widersprüchliche Einschätzungen nachzudenken
- Reflexionsphasen, in denen eine Bewertung der eigenen Arbeitsleistung bzw. des eigenen Produkts geschieht
- Reflexionsphasen, in denen überlegt wird, inwieweit das neu erworbene Wissen Auswirkungen auf das tägliche soziale Miteinander haben kann
- Nachdenk-, Diskussions- und Reflexionsphasen, in denen Aspekte wie Gerechtigkeit, Solidarität, Frieden oder Nachhaltigkeit besprochen und zur Reflexion geeigneter Lerninhalte genutzt werden (z.B. beim Philosophieren mit Kindern)

3.4 Kommunizieren/ Mit anderen zusammenarbeiten

Das Zusammenarbeiten mit anderen Personen und das Kommunizieren sind (u.a. durch die lernförderliche Wirkung von Ko-Konstruktionen) eine wichtige Grundlage für den Erwerb neuen Wissens und neuer Konzepte. Durch Kommunikationsprozesse können alte Konzepte in Frage gestellt und alternative Denkmodelle deutlich werden. Kooperationen mit anderen Schülerinnen und Schülern ermöglichen zudem Lernprozesse, die über die Möglichkeiten einer einzelnen Person hinaus gehen.

Zugleich ist die Fähigkeit, sich angemessen mit seinen Mitmenschen zu verständigen, bei Bedarf verschiedene Formen der Unterstützung durch Medien zu nutzen und mit anderen Personen konstruktiv zusammen zu arbeiten, eine zentrale Basis für eine solidarische Mitbestimmung und Mitgestaltung der Welt. Die erworbenen Kompetenzen bleiben dann nicht im engen persönlichen Rahmen, sondern können nach außen getragen werden, dort wirken und sich dann auch wieder weiter entwickeln.

Folgende Lernmöglichkeiten (und -situationen) unterstützen das Kommunizieren/ mit anderen Zusammenarbeiten von Schülerinnen und Schülern:
– Phasen der Partner- oder Gruppenarbeit, in denen Vermutungen, Arbeitsprozesse, Beobachtungen, Lernertrag oder Erklärungen auszutauschen und zu besprechen sind
– Unterrichtsphasen, in denen Gegenstände, Konstrukte oder Prozesse von den Schülerinnen und Schülern versprachlicht werden, wobei die Alltagssprache die Grundlage bildet und allmählich (z.B. zur Vermeidung von Uneindeutigkeiten) in eine Fach- bzw. in die Bildungssprache überführt wird
– Gesprächsphasen, in denen Schülerinnen und Schüler miteinander diskutieren und dabei ihre Meinung argumentierend, begründet darstellen
– komplexere Aufgaben, bei denen Schülerinnen und Schüler zusammen arbeiten, dort bei gemeinsamen Planungen mitwirken, Ideen einbringen bzw. mit anderen weiterentwickeln, Verantwortung für Teilaufgaben übernehmen und ihre Ergebnisse in die Gruppe einbringen
– Unterrichtsphasen, in denen neue Erkenntnisse Mitschülerinnen und Mitschülern sowie Lehrerinnen und Lehrern (gegebenenfalls auch Eltern und Experten) – auch unter Beachtung einer zweckentsprechenden Mediennutzung – präsentiert und zur Diskussion gestellt werden
– Rollenspiele, in denen gelungene und misslungene Formen der Kooperation und Interaktion ersichtlich gemacht und anschließend thematisiert werden

3.5 Den Sachen interessiert begegnen

Interesse und Neugierde an der und für die Sache bilden eine wichtige Voraussetzung für die weitere Begegnung mit Fragen und Themen der natürlichen, kulturellen, sozialen und technischen Umwelt. Dies gilt in besonderer Weise, wenn diese Begegnungen nicht mehr innerhalb des schulischen Kontextes stattfinden. Ein interessengeleiteter Zugang zur Lebenswelt und eine erkenntnisorientierte, aktiv-forschende Grundhaltung gegenüber der Welt sind geprägt durch positive Gefühle und Einstellungen, durch den Willen, etwas Neues zu erfahren und durch die Bereitschaft, Dinge und Situationen als persönlich bedeutsam zu erachten und auf sie zuzugehen. Zugleich sind die (längerfristigen) Interessen ein wichtiger Teil der Persönlichkeit eines Menschen.

Der Sachunterricht gibt die Gelegenheit, faszinierende Phänomene zu erleben, sich auf Ereignisse und Situationen einzulassen, sie zur Sache zu machen, eigene Fragen zu entwickeln, ihnen nachzugehen sowie angeleitet und eigenständig Wege für das Erschließen von Fragestellungen und Inhalten zu finden und zu erproben. Dabei können die Schülerinnen und Schüler lernen, sich auch auf Begegnungen und Situationen einzulassen, denen sie gegenüber anfänglich skeptisch oder zurückhaltend sind, und in dieser Situation Vorbehalte zu überwinden. In der Kommunikation mit ihren Mitschülerinnen und Mitschülern lernen sie zudem deren Interessen kennen und ihre eigenen Interessen darzustellen.

Folgende Lernmöglichkeiten (und -situationen) unterstützen das Interesse von Schülerinnen und Schülern:
– offene Aufgabensituationen, in denen eigenständig Fragestellungen entwickelt werden (gegebenenfalls innerhalb eines thematischen Rahmens) und diesen dann nachgegangen wird
– Expertenvorträge, in denen Informationen zu selbst gewählten Inhalten und Themenfeldern präsentiert werden und in denen man als Zuhörer etwas über Interessenbereiche der Mitschülerinnen und Mitschüler erfährt
– Rückmeldungen, die wertschätzend die Anstrengung und die geleistete Arbeit beurteilen
– problemhaltige Aufgaben, die einen Bezug des zu lernenden Gegenstands auf die außerschulische Lebenswirklichkeit aufweisen und die damit als relevant erkannt werden können
– faszinierende (verblüffende, ästhetisch ansprechende…) Inhalte, Gegenstände oder Fragestellungen (z.B. naturwissenschaftliche Phänomene, historische Ereignisse), die von den Schülerinnen und Schülern erlebt, nachvollzogen und bearbeitet werden

3.6 Umsetzen/ Handeln

Letztliches Ziel des Lernens ist, die erworbenen Wissensbestände und Fähigkeiten für das alltägliche Handeln zu nutzen. Das Handeln im Klassen- und Schulleben ist dabei zwar noch ein Lern-, zugleich aber auch schon ein Anwendungsfeld des Alltagshandelns. Hier und im Unterricht sollen die Schülerinnen und Schüler Gelegenheiten haben, eigenständig ihr Handeln zu erproben. Dies kann bei Gestaltungsanforderungen geschehen (z.b. etwas konstruieren, etwas bauen oder etwas in der Natur gestalten), beim Durchführen von kleinen Projekten (z.b. im Schulgarten, beim Gestalten von Ausstellungen oder Sammlungen) oder im angemessenen Verhalten in bestimmten Situationen (z.B. beim Schlichten von Konflikten, bei der Wahl zum Klassensprecher oder beim Trennen von Müll).
Von Bedeutung ist allgemein, dass die Schülerinnen und Schüler lernen, Handlungen zu planen, entsprechend der Planung durchzuführen und dann den Prozess und das Ergebnis mit Blick auf die Planung zu reflektieren und zu bewerten. Handeln ist damit immer ein kognitiv bewusstes und zielgerichtetes Tun. Zu lernen ist dabei auch, kooperativ mit anderen Personen zusammenzuarbeiten und sich über die Handlungen und die den Handlungen zugrunde liegenden Ursachen auszutauschen.

Folgende Lernmöglichkeiten (und -situationen) unterstützen das Umsetzen/ Handeln von Schülerinnen und Schülern:
- Gestaltungs- oder Forscheraufgaben, die aus einer wahrgenommenen Problemlage heraus individuell und/ oder gemeinsam abgeleitet und umgesetzt werden können (z.B. Konstruieren und Bauen von Gebrauchsgegenständen, Gestaltungsarbeiten in der Schule, im Klassenraum oder im Schulgarten, Bearbeitung von Konfliktlagen)
- Aktionen und kleine Vorhaben, die auf die Veränderung der schulischen und außerschulischen Lebenswirklichkeit gerichtet sind (z.B. Projekte zur Verkehrssicherheit, zur gesunden Lebensweise oder zur Gestaltung des Zusammenlebens)
- Arbeiten und Handlungsanforderungen, die besonders geeignet sind, kooperativ Arbeitsschritte zu planen, Verantwortlichkeiten festzulegen sowie die Ergebnisse untereinander zu präsentieren, zu bewerten und die Arbeitsphase hinsichtlich der Zweckhaftigkeit und Effektivität einzuschätzen (z.B. projektartige Auseinandersetzungen mit komplexen Lerngegenständen – Biotope, Stadt im Mittelalter, Anlage eines Hochbeetes, Lernen an außerschulischen Lernorten)
- Aufgabenstellungen, welche die Sinnhaftigkeit einer zweckentsprechenden (sachbezogenen) Nutzung von Instrumenten (Werkzeugen), Apparaten und Medien sowie des kooperativen Miteinanders bei der Bearbeitung zugänglich (erlebbar) machen (z.B. Gestaltung einer Ausstellung oder einer Theatervorführung)

4 Perspektivenbezogene Kompetenzen bzw. Kompetenzansprüche

Im Folgenden werden nun für die fünf Perspektiven Kompetenzbeschreibungen formuliert. Dies geschieht auf der Grundlage des Bildungspotenzials, das für die jeweilige Perspektive prägend ist und das jeweils zu Beginn expliziert wird. Als leitende Folie für alle Perspektiven und für sämtliche Kompetenzbeschreibungen dienen die sechs perspektivenübergreifenden Denk-, Arbeits- und Handlungsweisen, die durch die konkreten Vorschläge nun aufgegriffen und spezifiziert werden. Aus Gründen der Fokussierung werden – analog zum Kompetenzmodell – für jede Perspektive zentrale Themenbereiche sowie grundlegende Denk-, Arbeits- und Handlungsweisen ausgewiesen. Die Kompetenzen werden hier zugeordnet. Diese Unterscheidung ist eine heuristische. Um das Bildungspotenzial der jeweiligen Perspektive erschließen und um selbstständige Lernprozesse ermöglichen zu können, ist es erforderlich, die Aneignung des entsprechenden Wissens und Verstehens mit der Aneignung entsprechender Denk-, Arbeits- und Handlungsweisen zu verbinden. Daher sind den eher prozessbezogenen Kompetenzen exemplarisch inhaltliche Themen zugeordnet. Umgekehrt finden sich bei den eher inhaltlich ausgerichteten Kompetenzen stets Hinweise auf hier passende und angemessene Denk-, Arbeits- und Handlungsweisen.

Die Beschreibung und Formulierung der Kompetenzen orientiert sich an den in 1.1 und 1.2 dargestellten Überlegungen. Darüber hinaus orientieren sie sich notwendigerweise auch an Einteilungen und Zielvorstellungen, die sich aus den jeweiligen fachlichen und fachdidaktischen Traditionen ergeben haben. Daher kann es nicht das Anliegen sein, in jeder Kompetenzformulierung den gesamten Anspruch an eine Kompetenz als Handlungsdisposition abzubilden (bzgl. der Verbindung kognitiver Elemente mit praktischen Fähigkeiten und Fertigkeiten sowie mit den motivationalen, volitionalen und sozialen Dispositionen). Dieser Anspruch wird dann erfüllt, wenn die einzelnen Unterpunkte miteinander zu einem Ganzen verbunden werden.

4.1 Zur sozialwissenschaftlichen Perspektive: Politik – Wirtschaft – Soziales

4.1.1 Zum Bildungspotenzial

Ziel der sozialwissenschaftlichen Perspektive ist es, Kompetenzen der Schülerinnen und Schüler für das Zusammenleben in der Demokratie zu fördern. Die Kompetenzen sollen den Schülerinnen und Schülern dazu dienen, am demokratischen Leben aktiv teilnehmen zu können und dabei für sie relevante gesellschaftliche

Aufgaben und Probleme zu erkennen, zu reflektieren und gegebenenfalls zu ihrer Lösung beizutragen. Nicht zuletzt soll das Interesse der Schülerinnen und Schüler für gesellschaftliche und demokratische Fragen und Themen geweckt werden. Die Beschäftigung mit den Themen und Inhalten dieser Perspektive soll die personalen Ressourcen des Kindes stärken und entfalten, so dass sie ihre demokratischen Beteiligungsrechte wahrnehmen können. Wesentlich ist dabei, dass der Kindeswillen berücksichtigt und gestärkt wird, so wie es die Kinderrechte vorsehen, die zu den wichtigen Elementen in einer demokratischen Gesellschaft zählen.

Das Zusammenleben in der Gesellschaft wird durch ein komplexes Gefüge unterschiedlicher Beziehungen und Regelungen zwischen ihren Mitgliedern bestimmt. Zum Verstehen von Gesellschaft ist das Gefüge zu klären, durch das u.a. eine Heterogenität zwischen den Menschen entsteht, mit der konstruktiv lernend und verantwortlich umzugehen ist. Grundschulkinder leben in dieser Heterogenität und haben entsprechende Erfahrungen im Umgang mit anderen Kindern und Erwachsenen. Insbesondere durch Medien vermittelt sind vielen Kindern gesellschaftliche Prozesse (wie Wahlen oder Rechtsprechung) sowie Probleme (wie wirtschaftliche Krisen oder Kriege) als Thema präsent bzw. in Form von Schlagwörtern bekannt.

Eine Klärung nach den wesentlichen Grundfunktionen, die demokratische Gesellschaften aufweisen müssen, ergibt eine Differenzierung in die Bereiche Politik, Wirtschaft, Recht, Kultur und Gemeinschaft. Die Grundfunktionen dieser Bereiche zeigen sich zum einen in Phänomenen des Alltagslebens, zum anderen sind sie durch entsprechende Fachwissenschaften systematisch strukturiert. Die Bereiche stellen somit eine Klammer dar zwischen den kindlichen Alltagserfahrungen einerseits und der wissenschaftsorientierten Fachlichkeit in weiterführenden Schulen andererseits.

Eine elementare sozialwissenschaftliche Bildung führt Grundschülerinnen und -schüler, ausgehend von eigenen Erfahrungen und von exemplarischen und für sie bedeutsamen Beispielen, zur Begegnung, Erschließung und Auseinandersetzung mit Fragen
– nach der Politik als gesellschaftliche Aufgabe, mittels *Entscheidungen* das öffentliche Zusammenleben von Menschen in einer Gesellschaft zu regeln und gemeinsame Probleme unter Berücksichtigung des *Gemeinwohls* und der demokratischen *Ordnung* zu lösen
– nach der Wirtschaft als Aufgabe, Mittel und Güter zur Befriedigung von *Bedürfnissen* der Menschen zur Verfügung zu stellen, ihren *Tausch* sowie die *Arbeit* zu ihrem Erwerb zu organisieren und zu koordinieren
– nach dem Recht als Aufgabe, mittels *Grundrechten*, Gesetzen und Rechtsprechung Sicherheit, Freiheit und Gerechtigkeit für alle Menschen einer Gesellschaft zu gewährleisten, indem Probleme gemäß der rechtlichen *Ordnung* gelöst werden

- nach der Kultur als Aufgabe, mittels Klärung und Deutung von *Normen und Werten* eine gemeinsame Sinnstiftung und somit zugleich individuelle *Orientierungen* in der Gesellschaft zu ermöglichen und Konflikte zwischen Kulturen in gegenseitiger Toleranz und mit gegenseitigem Respekt zu lösen
- nach der Gemeinschaft als Aufgabe, das soziale Handeln der Menschen im friedlichen *Zusammenleben* durch Prozesse der *Sozialisation* aufeinander abzustimmen und geordnete Konfliktlösungen zu ermöglichen

Aus den Grundfunktionen ergeben sich die perspektivenbezogenen Denk-, Arbeits- und Handlungsweisen sowie die wichtigen Konzepte, für deren Aufbau konkrete Themenfelder beispielhaft benannt werden können. In den Themenfeldern müssen gesellschaftsbezogene Alltagserfahrungen der Grundschulkinder aufgegriffen werden, die direkt oder vermittelt durch andere Personen oder Medien stattfinden. Diese Erfahrungen sind generell gekennzeichnet durch Perspektivität, Kontextualität und Normativität. Im Vergleich miteinander erscheinen sie als kontrovers und interessengeleitet, als situativ und wertorientiert. Über diese konflikthafte Erscheinung gesellschaftlicher Phänomene ist in Bildungsprozessen aufzuklären. Konflikte sind dabei als Chancen, aber auch mit ihren Risiken für gesellschaftliche Entwicklungen zu verdeutlichen. Dabei sollen die Schülerinnen und Schüler auch Fähigkeiten erwerben, gesellschaftliche Prozesse eigenständig zu untersuchen, relevante Daten und Informationen zu sammeln und diese sachgemäß auszuwerten.

Sozialwissenschaftliche Perspektive	
Perspektivenbezogene Denk-, Arbeits- und Handlungsweisen:	
DAH SOWI 1:	*An ausgewählten gesellschaftlichen Gruppen partizipieren*
DAH SOWI 2:	*Argumentieren sowie zwischen Einzelnen oder zwischen Gruppen mit unterschiedlichen Interessen und Bedürfnissen verhandeln*
DAH SOWI 3:	*Politisch urteilen*
DAH SOWI 4:	*Ökonomische Entscheidungen begründen*
DAH SOWI 5:	*Kulturelle Deutungen und Werte respektieren und tolerieren*
DAH SOWI 6:	*Gesellschaftsbezogene Handlungen planen und umsetzen*

Perspektivenbezogene Themenbereiche:	
TB SOWI 1:	*Die politische Ordnung*
TB SOWI 2:	*Politische Entscheidungen*
TB SOWI 3:	*Das Gemeinwohl*
TB SOWI 4:	*Kinder als aktive Konsumenten*
TB SOWI 5:	*Arbeit*
TB SOWI 6:	*Sozialisation*

4.1.2 Perspektivenbezogene Denk-, Arbeits- und Handlungsweisen
Die Teilhabe und Mitwirkung am Leben in der Gesellschaft erfordert Kommunikationsfähigkeiten, zu denen wesentlich soziale, politische und ökonomische Handlungs- und Urteilsfähigkeiten gehören. Die individuelle Sprachbildung durch das Argumentieren oder das Verstehen anderer Standpunkte ist hierbei ein wesentliches Element. Des Weiteren sind demokratische Einstellungen und Motivation zur Teilhabe und Mitwirkung zu fördern.

(1) An ausgewählten gesellschaftlichen Gruppen partizipieren
Als gesellschaftliche Gruppen lassen sich z.b. solche der Selbstverwaltung der Schule (Klassensprecherwahl, Beteiligung an Klassenkonferenzen usw.) oder Vereine nennen. Des Weiteren kann in Kommunen und/ oder über Ämter partizipiert werden. Hier ist zum einen soziales Handeln und Urteilen wichtig, das zur Gestaltung einer Gemeinschaft beiträgt. Zum anderen sind politische Urteils- und Handlungsfähigkeiten zu fördern, die sich auf das öffentliche Leben in der Gesellschaft beziehen, in dem Regeln der politischen Ordnung gelten.

Schülerinnen und Schüler können:
– gemeinschaftliches Leben gestalten (z.B. in der Klassengemeinschaft) unter Berücksichtigung der individuellen Bedürfnisse der einzelnen Mitglieder der Gemeinschaft
– eigene Interessen vertreten in Meinungsäußerungen, z.B. in kommunalen Anhörungen, durch Leserbriefe, E-Mails, Flugblätter oder in der Schülerzeitung
– in Pro-Kontra-Diskussionen und Debatten zu kontroversen Themen begründet Stellung nehmen
– Öffentlichkeit herstellen (z.B. das Schreiben und Veröffentlichen von Leserbriefen organisieren)
– (Konflikt-)Lösungen finden (z.B. Konflikte bei der Spielplatznutzung), sie argumentativ vertreten und die Handlungsfolgen antizipieren

– Abstimmungen und Wahlen durchführen sowie Mehrheitsentscheidungen in der Klasse umsetzen

Die Fähigkeit, in der Gesellschaft reflektiert und verantwortungsbewusst zu partizipieren und zu handeln, ist eine umfassende Kompetenz, die – situationsabhängig – auch die folgenden Kompetenzansprüche mit einschließen kann bzw. die folgenden Kompetenzen als Voraussetzung benötigt:

(2) Argumentieren sowie zwischen Einzelnen oder zwischen Gruppen mit unterschiedlichen Interessen und Bedürfnissen verhandeln
Damit die eigenen Interessen und Ideen für ein Leben in Verantwortung in der Gesellschaft mit anderen Personen ausgeglichen werden können, sind sie öffentlich zu machen, d.h. zu artikulieren. Des Weiteren sind sie argumentativ zu vertreten, d.h. mit rechtfertigenden Gründen zu versehen, um andere zu überzeugen und das Handeln gegen Kritik und gegen Einwände abzusichern. Werden die Anforderungen anderer angehört und sich mit diesen zielorientiert auseinandergesetzt, wird verhandelt, und es werden Vereinbarungen getroffen.

Schülerinnen und Schüler können:
– eigene Interessen und Bedürfnisse artikulieren sowie die von anderen benennen
– sich (z.b. durch Befragungen oder Recherchen) über einen Interessen- oder Verteilungskonflikt informieren und eine Situationsbeschreibung leisten (z.b. verschiedene Positionen darstellen)
– einen Perspektivenwechsel (z.B. bei Diskussionen) zu anderen Betroffenen vornehmen und deren Perspektive beschreiben
– verschiedene Möglichkeiten für Konfliktlösungen suchen und eine begründete eigene Sichtweise zum Konflikt entwickeln
– argumentierend für die eigene Position werben und Bündnispartner suchen
– verhandeln, um einen möglichen Konsens zu finden bzw. um Kompromisse zu schließen, um Mehrheiten zu bilden oder um Vereinbarungen zu treffen
– Mehrheitsentscheidungen akzeptieren und tolerieren

(3) Politisch urteilen
Das Urteilen schließt eine inhaltliche Auseinandersetzung mit einem Lerngegenstand (vorläufig) ab. Es steht daher im Unterrichtsverlauf eher am Ende eines Lernprozesses. Ein politisches Urteil kann als normativer Schiedsspruch in einer politischen Angelegenheit definiert werden. Es gibt drei Formen dieses Urteils: Ein Werturteil bewertet etwas als gut oder schlecht. Ein Entscheidungsurteil entscheidet sich für oder gegen ein Handeln. Ein Gestaltungsurteil formuliert konkrete Angaben über eine zu regelnde Sache. Solche politischen Urteile enthal-

ten immer Sachurteile, da stets zugleich deskriptive Aussagen über Sachverhalte getroffen werden. Im Kern sind sie aber normative Urteile, da das Politische zur Bewertung bzw. Stellungnahme zwingt oder eine Entscheidung bzw. eine inhaltliche Ausgestaltung verlangt. Politische Urteile müssen stets in ihren sachlichen Aspekten erläutert oder begründet und in ihren normativen Aspekten gerechtfertigt werden.

Schülerinnen und Schüler können:
– problemhaltige Situationen, Konflikte oder Entscheidungen nach demokratischen und ethischen Werten beurteilen (z.B. zum Prozess und Ergebnis einer Abstimmung in der Klasse oder zu Fragen nach einem „gerechten Krieg")
– einen eigenen Standpunkt formulieren sowie verschiedene Positionen und Perspektiven erkennen, miteinander vergleichen und wertorientiert Stellung beziehen
– alternative Urteile diskutieren, den Nutzen für Einzelne, für verschiedene Gruppen und die Gesellschaft insgesamt (Gemeinwohl) abwägen (z.B. die Regelungen zu den Öffnungszeiten des Schwimmbades oder der Lesehalle)
– ausgewählte Konfliktlösungen nach Kriterien der Gerechtigkeit bewerten (z.B. zu Verteilungsproblemen, zum „Fairen Handel")
– unterlegene Positionen, also die Bedürfnisse von Minderheiten, respektieren

(4) Ökonomische Entscheidungen begründen
Ökonomisches Handeln (Wirtschaften) dient der Optimierung des eigenen Handelns in Situationen, die durch die Knappheit der Mittel im Verhältnis zu den Bedürfnissen, Wünschen und Begehrlichkeiten gekennzeichnet sind. Ökonomisches Denken misst alle gegebenen Zweck-Mittel-Kombinationen am Maßstab der Effizienz. Verknüpft werden kann es mit ethischen Aspekten. Die Lernenden sollen über die Kompetenz verfügen, in ökonomisch geprägten Lebenssituationen eine rationale Auswahl unter Handlungsalternativen zu treffen und bei dieser Entscheidung die Handlungsanreize und -beschränkungen zu berücksichtigen. Hier sind in besonderem Maße Verknüpfungen zur technischen Perspektive gegeben.

Schülerinnen und Schüler können:
– eigene Bedürfnisse ermitteln sowie die Bedürfnisse Einzelner oder Gruppen bestimmen, (z.B. mit Hilfe von Interviewtechniken wie Expertenbefragungen oder Meinungsumfragen)
– unterschiedliche Möglichkeiten der Befriedigung von Bedürfnissen identifizieren (z.B. bei Konsumentscheidungen)
– bei ökonomischen Entscheidungen die verfügbaren Mittel benennen (z.B. beim Umgang mit dem Taschengeld oder der Klassenkasse)

- Nutzen und Kosten von Entscheidungen vergleichen und bewerten (z.b. überlegen, welche Vor- und Nachteile das Ausgeben, Sparen oder Ausleihen von Geld für eine Kaufentscheidung haben kann)
- Einteilungen von Mitteln nach Fragen der Gerechtigkeit beurteilen (z.b. die „gerechte Be- bzw. Entlohnung" in einem Fallbeispiel)

(5) Kulturelle Deutungen und Werte respektieren und tolerieren
In einer kulturell heterogenen Gesellschaft ist interkulturelles Lernen eine wichtige Aufgabe. Die Prinzipien des interkulturellen Lernens gelten auch für Lernprozesse, in denen die Ursachen für weitere gesellschaftliche Unterschiede (z.b. Geschlecht oder Milieu) aufgegriffen werden.

Schülerinnen und Schüler können:
- durch Befragungen, Beobachtungen und Recherchen sich über unterschiedliche Lebensstile, kulturelle Praktiken oder Werte informieren und sie anderen Personen darstellen
- kulturelle Unterschiede und Gemeinsamkeiten zwischen verschiedenen Gruppen der Gesellschaft hinsichtlich ihrer Lebensstile, Bedürfnisse oder Wertorientierungen erkennen und respektieren
- die eigene kulturelle Bedingtheit der Wahrnehmung an konkreten Beispielen (wie z.b. Lebensgewohnheiten oder Bräuche) benennen
- gesellschaftliche Vielfalt und Differenzen anerkennen und produktiv nutzen
- Solidarität mit anderen zeigen

(6) Gesellschaftsbezogene Handlungen planen und umsetzen
Um in der Gesellschaft handeln zu können, müssen die sozialen, politischen und wirtschaftlichen Handlungen denkend und planend vorweggenommen werden. In realen und simulierten Handlungen sind Fähigkeiten zu üben, die für die Mitwirkung am gesellschaftlichen Leben wichtig sind.

Schülerinnen und Schüler können:
- Rahmenbedingungen von Handlungssituationen (z.B. die Bedingungen der Knappheit bei Kaufentscheidungen) untersuchen (z.b. durch das Anlegen von Angebot-Nutzungs-Modellen)
- Regeln zur Zusammenarbeit und zur Verteilung aufstellen und begründen
- Arbeitsteilungen organisieren und koordinieren (z.b. bei der Vorbereitung eines Klassenfestes oder eines Schülerladens)
- Handlungspläne in reale Handlungen umsetzen (z.b. bei Aktionen gegen Kinderarbeit, für nachhaltigen Konsum)
- Handlungen in Rollen- und Planspielen sowie Zukunftswerkstätten simulieren

4.1.3 Perspektivenbezogene Themenbereiche

Die Themenbereiche strukturieren sich nach den oben skizzierten Grundfunktionen der Gesellschaft. Sie werden im Folgenden weiter differenziert; daneben werden die zugehörigen Konzepte benannt, die im Sinne der Sprachbildung Gegenstand des Unterrichts sein sollen.

(1) Die politische Ordnung
Die politische Ordnung stellt den Rahmen dar, innerhalb dessen politische Handlungs- und Entscheidungsprozesse verlaufen. Sie schafft Verlässlichkeit, macht politische Prozesse zumindest in Grenzen berechenbar und voraussehbar und sie setzt absoluter Beliebigkeit Schranken. Wichtige Konzepte dieses Bereichs sind Repräsentation, Demokratie, Staat, Rechtsstaat und Grundrechte. Hier sind in besonderem Maße Verknüpfungen zur geographischen und zur historischen Perspektive gegeben.

Schülerinnen und Schüler können:
– die Aufgaben von Repräsentanten wie Klassensprecher, Bürgermeister und Gemeinderat beschreiben und Beispiele nennen, in denen sie sich für die Belange von Kindern einsetzen
– Diskussionen, Abstimmungen und das Mehrheitsprinzip als Elemente der Demokratie erkennen und in schulischen Prozessen, aber auch in Prozessen kommunaler Entscheidungen (z.B. zu Baumaßnahmen oder Umweltfragen) identifizieren
– das Zusammenleben im Staat mit Begriffen wie Staatsangehörige, Grenze und mit Blick auf die Bedeutung staatlicher Aufgaben (z.B. die der Polizei) für das Zusammenleben erklären
– die Bedeutung des Rechtsstaats für Kinder erklären, indem sie zwischen Regeln und Gesetzen unterscheiden und die Bedeutung der verschiedenen Rollen vor Gericht (Ankläger, Verteidiger, Richter) an einem Konflikt beschreiben
– Kinderrechte als konkrete Beschreibungen von Grundrechten benennen und als Beispiele die Meinungsfreiheit und den Schutz der Privatsphäre in ihrer Bedeutung für Kinder erläutern

(2) Politische Entscheidungen
Politik ist gekennzeichnet durch Entscheidungen. Die politische Entscheidung ist eine bewusste oder unbewusste Wahl zwischen Alternativen oder Varianten von Zielen, Gestaltungs- und Handlungsmöglichkeiten im Hinblick auf Wertmaßstäbe und/ oder sonstiger Präferenzen (z.B. Interessen). Zu lernende Konzepte dieses Bereichs sind Macht, Öffentlichkeit, Wahlen und Parteien.

Schülerinnen und Schüler können:
- private und öffentliche Bereiche des gesellschaftlichen Zusammenlebens unterscheiden und in ihrer Bedeutung mit Begriffen wie Zugang und Partizipation erklären
- zwischen Person und Amt trennen
- in Fallbeispielen Macht in verschiedenen Ausprägungen wie Autorität, Gehorsam, Gewalt, Führung identifizieren sowie Krieg als unkontrollierte Macht beschreiben
- in Fallbeispielen beurteilen, ob eine Wahl den demokratischen Prinzipien (frei, allgemein, gleich, geheim) folgt
- die Bedeutung von verschiedenen Parteien für die Demokratie beschreiben, indem sie dazu Begriffe wie Interessen, Wahlkampf und Wähler nutzen

(3) Das Gemeinwohl
Der Begriff des Gemeinwohls kennzeichnet die allgemeinen Zwecke oder die gemeinsam erwünschten Ziele und Werte, um derentwillen Menschen sich in einem politischen Gemeinwesen zusammenschließen bzw. zusammengeschlossen sind. Das Gemeinwohl verweist damit auf den Sinn und den Zweck von Politik überhaupt. Es ist ein Gegenbegriff zu egoistischen Partikularinteressen. Zu lernende Konzepte dieses Bereichs sind Gerechtigkeit, Frieden und das Prinzip der Nachhaltigkeit.

Schülerinnen und Schüler können:
- Fallbeispiele, in denen Tausch, Verteilungen, Ausgleich, Fairer Handel oder Leistung zu bewerten sind, unter Kriterien der Gerechtigkeit beurteilen
- Kriterien für den Zustand des Friedens und des Krieges benennen sowie den Waffenstillstand als Schritt hin zum Frieden beurteilen
- Fallbeispiele zur Umweltpolitik, über Armut und Reichtum sowie zur Generationengerechtigkeit unter Kriterien der Nachhaltigkeit beurteilen

(4) Kinder als aktive Konsumenten
Kinder sind aktive Konsumenten, die zudem die Kaufentscheidungen anderer beeinflussen und selbst beeinflusst werden. Wichtige Konzepte dieses Bereichs sind Konsum, Bedürfnisse, Güter, Knappheit, Geld, Haushalt, Wettbewerb, Nachfrage und Angebot, Preis und Qualität eines Konsumgutes, Verbraucherinformation und -organisation.

Schülerinnen und Schüler können:
- Bedürfnisse beschreiben und von Wünschen unterscheiden
- die Bedeutung von Gütern und Dienstleistungen zur Bedürfnisbefriedigung erklären

- den Handel (Kaufen, Verkaufen) als Tauschgeschäft analysieren
- Kaufentscheidungen unter Berücksichtigung der verfügbaren Mittel interpretieren
- den Verkauf von Gütern planen, durchführen und beurteilen
- Produktionsabläufe an ausgewählten Konsumgütern beschreiben
- Maßnahmen zur Beeinflussung von Kaufentscheidungen (z.B. Werbung) untersuchen
- Verbraucherinformationen nutzen sowie die Bedeutung von Verbraucherorganisationen erklären
- ökologische und soziale Folgen des Konsums analysieren sowie Tauschgeschäfte nach Kriterien der Gerechtigkeit bewerten (z.b. die Bedeutung von Umwelt- und Sozialsiegel an Beispielen wie Schokolade prüfen)

(5) Arbeit
Verschiedene Formen und Vergütungen von Arbeit bestimmen direkt oder indirekt die materielle und immaterielle Versorgung und damit das Alltagsleben von Kindern. Kinder haben schon Traumberufe und entwickeln Interessen und Neigungen, in denen sich ihr berufliches Selbstkonzept entfaltet. Wichtige Konzepte dieses Bereichs sind Arbeit als Erwerbsarbeit, Hausarbeit und Ehrenamtliche Arbeit/ Bürgerarbeit, Arbeitsplatz, Arbeitsteilung, Berufe, Arbeitslosigkeit sowie Einkommen, Geld, Kreislauf. In diesem Themenbereich sind in besonderem Maße Verknüpfungen zur technischen Perspektive gegeben.

Schülerinnen und Schüler können:
- Arbeitsplätze mit ausgewählten Kriterien beschreiben
- Erwerbsarbeit, Ehrenamt und Hausarbeit unterscheiden
- unterschiedliche Berufe nach ausgewählten Kriterien beschreiben
- die Bedeutung des Ehrenamtes für eine Gemeinschaft erklären
- verschiedene Gründe für das Entstehen von Arbeitslosigkeit in der Gesellschaft und mögliche Auswirkungen von Arbeitslosigkeit nennen
- die Verteilung von Arbeit in einer Familie nach Kriterien der Gerechtigkeit und Solidarität bewerten

(6) Sozialisation
Die Gestaltung des eigenen Lebens wird durch herkunfts-, geschlechtsspezifische und kulturelle Normen und Werte beeinflusst, die Handlungsspielräume einengen, die aber selbst auch Wandlungen unterliegen und die beeinflussbar sind. Zu lernende Konzepte dieses Bereichs sind Familie, Aufwachsen, Normen/ Werte, Heterogenität/ Ungleichheit/ Wandel, Kultur, Gruppen, Generation, Geschlecht und Migration. In diesem Themenbereich sind in besonderem Maße Verknüpfungen zur geographischen und zur historischen Perspektive gegeben.

Schülerinnen und Schüler können:
- Veränderungen in ihrer eigenen Biografie beschreiben und erklären
- Familienformen im Hinblick auf das Zusammenleben der Generationen und die Veränderung von Werten miteinander vergleichen
- gesellschaftlich beeinflusste Geschlechterdifferenzen beschreiben
- Gründe für Migration benennen und an Fallbeispielen Vor- und Nachteile von Migrationen für die Einzelnen und die Gesellschaft beschreiben

4.2 Zur naturwissenschaftlichen Perspektive: belebte und unbelebte Natur

4.2.1 Zum Bildungspotenzial

Die Frage nach dem Verhältnis von Mensch und Natur ist (im Erkennen und im Handeln) ein originäres und zentrales Moment menschlichen Lebens (wie z.b. bei den Themen Gesundheit, Ernährung oder Wachsen und Altern). Erkenntnisse und Methoden der Naturwissenschaften erklären und bestimmen dieses Verhältnis zu großen Teilen, da die Naturwissenschaften Sachverhalte und Zusammenhänge der lebenden und nicht lebenden Natur sowie das Verhältnis des Menschen zur Natur untersuchen.

Anders als die Gesellschaft wurde die Natur nicht vom Menschen hervorgebracht. Einerseits ist der Mensch selbst Bestandteil dieser Natur, andererseits ist sein Verhältnis zu ihr dadurch gekennzeichnet, dass er diese erforschen, verändern, nutzen und gestalten kann. Diese Sachlage begründet seine besondere Verantwortung für die Natur.

Für Gegenwart und Zukunft kommt es darauf an, das Verhältnis von Mensch und Natur unter dem Aspekt der Nachhaltigkeit zu gestalten – aufgrund der Angepasstheit der lebenden an die nicht lebende Natur muss eine unbedachte Veränderung der Natur durch den Menschen vermieden werden. Zu betonen sind in diesem Zusammenhang v.a. die Begrenztheit natürlicher Ressourcen, die Regenerationszeit in natürlichen Prozessen sowie die Artenvielfalt. Daher sind Erkenntnisse und Methoden der Naturwissenschaften stets unter diesem Gesichtspunkt anzuwenden, zu beurteilen und zu bewerten.

Grundschulkinder leben in unserer von den Naturwissenschaften mitgeprägten Welt. Aus außerschulischen Erfahrungen und vorschulischen Angeboten haben viele Kinder bereits einige Vorkenntnisse – diese sind jedoch überwiegend aus dem eigenen Erleben geprägt und damit weitgehend fragmentarisch und zufällig. Im Sachunterricht kommt es darauf an, dass sich die Schülerinnen und Schüler zunehmend belastbare naturwissenschaftliche Konzepte und Vorstellungen und damit zusammenhängende Denk-, Arbeits- und Handlungsweisen aneignen. Da Kinder im Grundschulalter an naturwissenschaftlichen Themen überwiegend sehr interessiert sind – dies gilt in nahezu gleichem Maße für Jungen und für Mädchen – kann zielgerichtet an diesen Interessen und den bereits gemachten Erfahrungen angeknüpft werden.

Die naturwissenschaftliche Perspektive des Sachunterrichts bezieht sich daher auf Fragen
- nach Naturphänomenen und ihren Zusammenhängen sowie ihrer Bedeutung für die nicht lebende sowie lebende Natur und insbesondere für das menschliche Leben
- nach naturwissenschaftlichen Denk-, Arbeits- und Handlungsweisen, mit deren Hilfe Naturphänomene und die Zusammenhänge zwischen ihnen wahrgenommen, erkannt, gedeutet und verstanden werden können
- nach Möglichkeiten, wie auf der Grundlage naturwissenschaftlicher Erkenntnisse Orientierungen für einen verantwortlichen Umgang mit der Natur aufgebaut werden können

Das in der naturwissenschaftlichen Perspektive erworbene Wissen und Können bildet im Sinne anschlussfähiger Bildung eine wichtige Voraussetzung für ein erfolgreiches Lernen in den Fächern Physik, Chemie und Biologie bzw. entsprechender Fächerverbünde.

Eine elementare naturwissenschaftliche Bildung führt Grundschülerinnen und -schüler, ausgehend von eigenen Erfahrungen und auf der Grundlage exemplarischer und für sie bedeutsamer Beispiele, zur Begegnung, Erschließung und Auseinandersetzung mit Grundfragen der Beziehung von Mensch und Natur. Schwerpunkte dabei sind:
- das Wahrnehmen, Erkennen und zunehmende Verstehen von Phänomenen der lebenden und nicht lebenden Natur unter Nutzung und Anwendung grundlegender biologischer, chemischer und physikalischer Konzepte und Zusammenhänge (Modelle und Regelhaftigkeiten)
- das Aneignen und zunehmend selbständige Anwenden naturwissenschaftlicher Denk-, Arbeits- und Handlungsweisen
- das Erkennen des Wesens naturwissenschaftlichen Wissens (in seinen Möglichkeiten genauso wie in seiner Eingeschränktheit)
- die Bedeutung naturwissenschaftlicher Erkenntnisse und ihrer Anwendung für das Handeln in (alltäglichen) Lebenssituationen
- die Reflexion und Bewertung des eigenen Lernens in naturwissenschaftlichen Sachverhalten

Naturwissenschaftliche Perspektive	
Perspektivenbezogene Denk-, Arbeits- und Handlungsweisen:	
DAH NAWI 1:	*Naturphänomene sachorientiert (objektiv) untersuchen und verstehen*
DAH NAWI 2:	*Naturwissenschaftliche Methoden aneignen und anwenden*
DAH NAWI 3:	*Naturphänomene auf Regelhaftigkeiten zurückführen*
DAH NAWI 4:	*Konsequenzen aus naturwissenschaftlichen Erkenntnissen für das Alltagshandeln ableiten*
DAH NAWI 5:	*Naturwissenschaftliches Lernen bewerten und reflektieren*
Perspektivenbezogene Themenbereiche:	
TB NAWI 1:	*Nicht lebende Natur – Eigenschaften von Stoffen/ Körpern*
TB NAWI 2:	*Nicht lebende Natur – Stoffumwandlungen*
TB NAWI 3:	*Nicht lebende Natur – physikalische Vorgänge*
TB NAWI 4:	*Lebende Natur – Pflanzen, Tiere und ihre Unterteilungen*
TB NAWI 5:	*Lebende Natur – Entwicklungs- und Lebensbedingungen von Lebewesen*

4.2.2 Perspektivenbezogene Denk-, Arbeits- und Handlungsweisen

Im Rahmen der naturwissenschaftlichen Perspektive werden die Kinder an für sie erschließbaren und zugleich sachlich gehaltvollen Beispielen mit wesentlichen naturwissenschaftlichen Denk-, Arbeits- und Handlungsweisen vertraut gemacht. Diese bilden grundlegende Voraussetzungen für naturwissenschaftliches Lernen zum Gegenstand der nicht lebenden und lebenden Natur.

(1) Naturphänomene sachorientiert (objektiv) untersuchen und verstehen
Charakteristisch für (natur-)wissenschaftliches Vorgehen ist das Bemühen um eine möglichst große Objektivität (Unabhängigkeit vom Beobachter) und Sachbezogenheit. Es bildet die Voraussetzung, um evidenzbasierte Entscheidungen treffen bzw. entsprechende Urteile fällen zu können.
Eine zentrale Rolle beim naturwissenschaftlichen Lernen spielt das Beantworten von *Fragen an die Natur* (Problemlösen), wobei zunehmend bewusst und intentional explizite Fragestellungen durch Anwendung naturwissenschaftlicher Methoden beantwortet und die gefundenen Ergebnisse im Hinblick auf die Problem- bzw. Fragestellung bewertet werden.

Schülerinnen und Schüler können:
– die Notwendigkeit der Evidenzprüfung durch Anwendung naturwissenschaftlicher Verfahren erkennen und diese anwenden

- erste Modellvorstellungen von Naturphänomenen aufbauen (z.b. Naturphänomene in einfachen Prinzipmodellen wiedererkennen) sowie den interpretativen Charakter von Wissen und Modellen (als keine 1:1 Abbilder der Realität) erkennen
- Grenzen der naturwissenschaftlichen Erkenntnismöglichkeiten (z.b. bei normativen Fragen) erkennen
- aus naturwissenschaftlichen Phänomenen sinnvolle Fragen ableiten
- einfache Versuche zur Überprüfung von Vermutungen bzw. zur Widerlegung von Vermutungen beraten, planen und durchführen
- komplexere Versuche nach Anleitung zunehmend selbständig durchführen und auswerten
- Widersprüche und Unstimmigkeiten beim Untersuchen von Naturvorgängen erkennen, verständlich sprachlich darstellen und bei der Interpretation der Untersuchungsergebnisse berücksichtigen

(2) Naturwissenschaftliche Methoden aneignen und anwenden
Grundlage des erkenntnisorientierten naturwissenschaftlichen Handelns sind naturwissenschaftliche Methoden. Diese sollen von den Schülerinnen und Schülern (als Lernhandlungen) angeeignet und zunehmend intentional und bewusst angewendet werden.

Schülerinnen und Schüler können:
- Untersuchungen sachorientiert (z.B. durch betrachten, beobachten, vergleichen, benennen, beschreiben…) durchführen
- Beobachtungen miteinander vergleichen und dabei zunehmend sachbezogene Merkmale (wie z.B. Körperbau, Verhaltens- bzw. Lebensweise bei Lebewesen; Gewicht, Volumen, Geschwindigkeit, Temperatur, Aggregatzustand) benutzen
- Materialien und Gegenstände nach ausgewählten Eigenschaften (z.B. Löslichkeit, Brennbarkeit, Gewicht, Volumen, Elastizität, elektrische Leitfähigkeit, Magnetismus) klassifizieren und ordnen
- diskursiv verabreden oder selbstständig festlegen, was untersucht werden soll und wie das am besten geschehen kann
- die Bedeutung von gezielter Parametervariation bei Versuchen verstehen und solche Variablenveränderungen selbstständig durchführen
- ausgewählte Größen messen und die Messwerte für Vergleiche nutzen
- sinnliche Wahrnehmungen und gemessene Größen geeignet (sprachlich, zeichnerisch bzw. grafisch) fixieren und eindeutig darstellen (insbesondere mit einfachen Tabellen, Skizzen und Diagrammen)
- methodisch gesicherte Größen von subjektiven/ individuellen Interpretationen unterscheiden

(3) Naturphänomene auf Regelhaftigkeiten zurückführen
Charakteristisch für naturwissenschaftliches Denken ist der Versuch, Phänomene der Natur auf Regelhaftigkeiten zurückzuführen und auf diese Weise zu verstehen und zu erklären. Dies führt zu naturwissenschaftlichen „Gesetzmäßigkeiten", die sich dann in der Erklärung neuer Phänomene bewähren müssen. Somit ist es erforderlich, die hinter der Oberfläche der Phänomene (und damit außerhalb der direkten Wahrnehmbarkeit) liegenden Regelhaftigkeiten der Naturvorgänge zu suchen, zu erkennen und geeignet sprachlich darzustellen.

Schülerinnen und Schüler können:
– einfache Ursache-Wirkungszusammenhänge erkennen (z.B. die Verdrängung von Wasser durch Luft) und angemessen sprachlich darstellen
– Veränderungen in der nicht lebenden und lebenden Natur wahrnehmen und auf Regelhaftigkeiten zurückführen (z.B. Energie als wesentliche Bedingung von Naturvorgängen, Erhaltung und Energieumwandlung, Veränderung und Umwandlung von Stoffen, Kreisläufe sowie Bewegung, Ernährung, Wachstum und Entwicklung als Merkmale des Lebens)
– Systeme (definiert durch Abhängigkeiten und Wechselwirkungen ihrer Systemelemente) in der Natur exemplarisch erkennen (z.B. Lebensräume wie Teiche, Wälder, Wiesen oder Hecken, oder Zusammenhänge wie die Nahrungskette oder Kreisläufe)

(4) Konsequenzen aus naturwissenschaftlichen Erkenntnissen für das Alltagshandeln ableiten
Unser Leben ist von naturwissenschaftlichen Erkenntnissen und Errungenschaften geprägt. Um in der Lebenswelt kompetent handeln zu können, ist naturwissenschaftliches Verständnis sowie die Bereitschaft zu seiner Umsetzung erforderlich. Deshalb sollen Kinder gelernt haben, Ursache- und Wirkungszusammenhänge in der Natur zu erkennen und die gewonnenen Erkenntnisse im Handeln anzuwenden.

Schülerinnen und Schüler können:
– die Abhängigkeit der lebenden (Pflanzen, Tiere, Menschen) von der nicht lebenden Natur (z.B. Boden, Wasser, Luft) erkennen, exemplarisch begründen und dabei die Begründungen verständlich kommunizieren
– die Notwendigkeit eines verantwortlichen Umgangs mit der Natur unter dem Aspekt der Nachhaltigkeit begründen
– aus diesen Erkenntnissen eigene Verhaltenskonsequenzen für den Alltag ziehen

(5) Naturwissenschaftliches Lernen bewerten und reflektieren
Bestandteil erfolgreichen (naturwissenschaftlichen) Lernens ist die zu erwerbende Fähigkeit, den eigenen Lernweg geeignet strukturieren, mit Blick auf das Erkenntnis- bzw. Lernziel bewerten sowie Erkenntnisse und Lernwege sprachlich klar darstellen und argumentieren zu können.

Schülerinnen und Schüler können:
- geeignete Informationsquellen auswählen und sachgemäß nutzen, um Fragen zu klären (z.B. Bücher, Internet, andere Kinder, Lehrerinnen, andere Erwachsene, Ausdenken eines geeigneten Versuchs)
- Vorstellungen und Vermutungen entwickeln, sprachlich verständlich darstellen und miteinander vergleichen; dabei auswählen, begründen und argumentieren, was besonders überzeugt und warum
- anderen einen Sachverhalt unter Nutzung und Anwendung der gefundenen Lösungen und Erkenntnisse erklären und dabei sprachlich verständlich und angemessen argumentieren
- ihren Lernprozess in größeren Einheiten zusammenfassen und dabei strukturierende Hilfen (Lernmodelle – z.B. in Form das Lernhandeln geeignet orientierender Schrittfolgen wie etwa eines Algorithmus für das Experimentieren) nutzen

4.2.3 Perspektivenbezogene Themenbereiche

Einen wichtigen Zugang zum Verständnis des Grundzusammenhangs zwischen lebender und nicht lebender Natur liefern für die nicht lebende Natur das Konzept des Stoffes und der Energie, die Vorstellung von der Erhaltung der Materie (des Stoffes, der Energie) sowie das Konzept der Wechselwirkung.
Zentrale Elemente im Konzept des *Stoffes/* der *Materie* und der *Erhaltung der Materie* lassen sich durch Begriffe wie Stofflichkeit, Kreisläufe, Stoff- und Energieumwandlung, Zustände und Zustandsänderungen sowie Veränderung von Stoffen festmachen.
Zentrales Moment im Konzept der *Energie* ist die Bedeutung der Energie als wichtige Bedingung für Naturvorgänge (Bewegung, Leben) und die menschliche Gesellschaft – das Energieproblem der Gesellschaft; Energieträger und Energiearten, Energieumwandlung, die technische Energienutzung – Energieeffizienz und sparsamer Umgang mit Energie. (Hier sind in besonderem Maße Verknüpfungen zur technischen Perspektive gegeben.)
Im Konzept der *Wechselwirkung* sind u.a. Zusammenhänge von Naturphänomenen, einfache Systeme und Biotope, die Angepasstheit von Pflanzen und Tieren an ihren Lebensraum oder Formen des Gleichgewichts in verschiedenen Facetten (biologisch: z.B. Nahrungsketten; physikalisch: z.B. Hebel; astronomisch: z.B. die Bewegung und Stellung der Himmelskörper) zu betrachten.

Für die lebende Natur ist das *Konzept des Lebens*, des Lebendigen, durch die Merkmale des Lebens, wie Entwicklung, Fortpflanzung, Stoffwechsel (Ernährung) und Bewegung geprägt.

(1) Nicht lebende Natur – Eigenschaften von Stoffen/ Körpern
Körper bzw. Stoffe weisen (physikalische und chemische) Eigenschaften auf, die im Alltag und der Arbeitswelt für menschliche Zwecke genutzt werden. Beispiele sind u.a. der Aggregatzustand, die Brennbarkeit oder die Lösbarkeit, z.b. in Abhängigkeit von der Temperatur oder dem Stoff. Physikalische Eigenschaften der Körper können mit entsprechenden (Zustands-)Größen gemessen und beschrieben werden. Beispiele dafür sind Gewicht, Volumen, Luftdruck, Weg, Zeit, Geschwindigkeit oder Energie. In diesem Themenbereich sind in besonderem Maße Verknüpfungen zur technischen sowie zur geographischen Perspektive gegeben.

Schülerinnen und Schüler können:
– chemische Eigenschaften von Stoffen geeignet nachweisen und untersuchen (z.B. Brennbarkeit, Rosten)
– physikalische Eigenschaften von Körpern exemplarisch erfassen (messen) und beschreiben (z.B. Fähigkeit, Strom zu leiten, (Ferro-)Magnetismus, Geschwindigkeit, Gewicht, Kraft – Druck, Löslichkeit, Temperatur, Volumen, Weg, Zeit)
– die Bedeutung (Nutzen und Gefahren) der entsprechenden Eigenschaften für den Menschen erfassen und geeignet dokumentieren

(2) Nicht lebende Natur – Stoffumwandlungen
Stoffumwandlungen sind Vorgänge/ Prozesse, bei denen sich Stoffe verändern. Zur Beschreibung der dabei feststellbaren Regelhaftigkeiten werden Konzepte wie z.B. das Konzept der Erhaltung von Materie/ Energie und der Energie benutzt. In diesem Themenbereich sind in besonderem Maße Verknüpfungen zur technischen sowie zur geographischen Perspektive gegeben.

Schülerinnen und Schüler können:
– Rosten und Verbrennung als Umwandlung von Stoffen beschreiben
– an Beispielen aus dem Alltag (Ofen/ Heizung) Verbrennung als Umwandlungsprozesse von chemischer Energie in Wärmeenergie beschreiben und entsprechende Energieträger (z.B. Holz, Kohle, Gas, Öl) benennen und unterscheiden
– am Beispiel nachwachsender (Holz) und fossiler Brennstoffe (Kohle, Öl) den Kohlenstoffkreislauf beschreiben und ökologisch bewerten
– Möglichkeiten eines nachhaltigen Umgangs mit Energie (Energiesparen, umweltverträgliche Energieträger, effizienter Umgang mit Energie) erkunden und mögliche Handlungsoptionen ableiten

(3) Nicht lebende Natur – physikalische Vorgänge
Körper verändern sich in physikalischen Vorgängen/ Prozessen (der Stoff bleibt dabei erhalten). Diese weisen grundlegende Regelhaftigkeiten auf, zu deren Beschreibung wesentliche Konzepte genutzt werden (z.B. Konzept der Erhaltung von Energie, Konzept der Wechselwirkung und der Energie). In diesem Themenbereich sind in besonderem Maße Verknüpfungen zur technischen sowie zur geographischen Perspektive gegeben.

Schülerinnen und Schüler können:
– Veränderungen von Körpern in einfachen physikalischen Vorgängen (z.B. Veränderung des Aggregatzustands, Verdrängung, Schwimmen und Sinken, Kraftwirkungen, Magnetismus, Schall, Licht und Lichtausbreitung oder Wärmedämmung) untersuchen, beobachten und beschreiben
– erkennen, dass sich Körper (allgemeiner: Materie) in ihrem Verhalten nur dann verändern, wenn auf sie ein Einfluss ausgeübt wird
– einfache Kreisläufe (z.b. den Wasserkreislauf) beschreiben
– Energiearten (z.B. Wärme-, Bewegungs- und elektrische Energie) unterscheiden
– an Beispielen aus dem Alltag Umwandlungsprozesse zwischen den Energiearten beschreiben (z.b. mechanische in elektrische Energie und umgekehrt – Dynamo/ Generator, Motor)
– ausgewählte Phänomene in der Natur und im Alltag mit Hilfe des Konzepts der Wechselwirkung beschreiben (z.B. die Bewegung und Stellung der Himmelskörper)
– den Verlust an technisch nutzbarer Energie als Qualitätsmerkmal bei der Bewertung von Energieumwandlungen anwenden und daraus Handlungsoptionen ableiten
– erste Modellvorstellungen über den Aufbau der Materie entwickeln und anwenden (z.B. das Lösen und Verdunsten von Stoffen, der Substanzcharakter von Luft und anderen Gasen, einfache Teilchenvorstellung)

(4) Lebende Natur – Pflanzen, Tiere und ihre Unterteilungen
Die lebende Natur weist eine große Vielzahl an Arten auf (z.B. Kräuter, Sträucher, Bäume; Insekten, Fische, Amphibien, Vögel, Säugetiere), die spezifisch an die Umwelt, in der sie leben, angepasst sind. Ein wichtiges Kennzeichen für eine intakte Natur ist ihr Artenreichtum. Anhand der Morphologie (Aufbau/ Teile der Pflanze; Körperbau von Insekten und Wirbeltieren; Körperbau des Menschen) sowie der jeweils besonderen Lebensbedingungen von Pflanzen und Tieren (Menschen) in ihrer Lebensumwelt/ ihrem Biotop wird das Merkmal der Angepasstheit deutlich. In diesem Themenbereich sind in besonderem Maße Verknüpfungen zur geographischen Perspektive gegeben.

Schülerinnen und Schüler können:
- typische Pflanzen und Tiere in verschiedenen Biotopen beschreiben, erkennen, benennen und unterscheiden
- morphologische Merkmale von Pflanzen (Teile der Pflanze) und Tieren (Körperbau) untersuchen, benennen, beschreiben und vergleichen
- Lebensbedingungen und -vorgänge von Pflanzen und Tieren bezogen auf die Merkmale Ernährung, Fortpflanzung, Entwicklung untersuchen, beschreiben und vergleichen
- die Pflege von Pflanzen in geeigneter Weise gestalten (z.b. im Schulgarten, bei der Gestaltung eines Frühbeetes oder bei Zimmerpflanzen)

(5) Lebende Natur – Entwicklungs- und Lebensbedingungen von Lebewesen
Pflanzen und Tiere leben in verschiedenen Lebensräumen (Biotope – z.b. Meere, Seen, Teiche, Flüsse, Felder, Wiesen, Wälder), an die sie angepasst sind. Diese und ihren Artenreichtum gilt es zu schützen und zu bewahren, wenn der Mensch gestaltend in die Natur eingreift. Dieser Gedanke ist zentral bei der Bewertung menschlichen Handelns und Verhaltens in Bezug auf die lebende Natur (z.B. in Bezug auf Wild-, Nutzpflanzen und -tiere) und wichtiges Anliegen des Natur- und Umweltschutzes, gerichtet auf die Gewährleistung der natürlichen Lebensbedingungen der entsprechenden Biotope sowie in der Wechselwirkung von lebender und nichtlebender Natur. Dieser Themenbereich beinhaltet verschiedene Elemente des perspektivenübergreifenden Themenbereichs „nachhaltige Entwicklung" (vgl. auch Kap. 5.2). Von daher sind hier in besonderem Maße Verknüpfungen zu sämtlichen anderen Perspektiven gegeben.

Schülerinnen und Schüler können:
- beschreiben, in welcher Weise Pflanzen und Tiere mit ihrer Umgebung in enger Beziehung stehen und in welcher Weise Anpassungsvorgänge stattgefunden haben (z.B. Blatt- und Blütenformen bei Pflanzen oder Bildungen der Haut, wie Haare, Nägel, Hufe, Klauen, Krallen oder Schwimmhäute bei Tieren)
- erkennen, dass Natur- und Umweltschutz auf den Erhalt der Lebensbedingungen von Pflanzen und Tieren (Menschen) gerichtet sein müssen (z.B. die Bedeutung der Erhaltung von Hecken oder Feuchtwiesen)
- die Verantwortung des Menschen für den Schutz der natürlichen Lebensbedingungen der Wildpflanzen und -tiere sowie eine artgerechte Pflanzung/ Pflege der Pflanzen bzw. Haltung der Tiere ableiten
- den Unterschied zwischen Wild- und Nutzpflanzen bzw. -tieren erkennen und beschreiben

4.3 Zur geographischen Perspektive: Räume – Naturgrundlagen – Lebenssituationen

4.3.1 Zum Bildungspotenzial

Räume sind eine Grunddimension menschlichen Lebens. Menschen nutzen, gestalten, verändern und gefährden Räume; räumliche Voraussetzungen wie Naturgrundlagen und die naturräumliche Ausstattung beeinflussen die Lebensweise von Menschen. Die geographische Perspektive bezieht sich auf Naturphänomene wie Wetter und Naturereignisse, auf natürliche Grundlagen von Lebensräumen, auf Lebensweisen und -formen von Menschen in unterschiedlichen Lebensräumen in der Nähe und Ferne (in der Beziehung Mensch – Umwelt) und auf die Beziehungen und Verflechtungen unterschiedlicher Räume (lokal bis global). Dabei stehen insbesondere die Wahrnehmung, Erschließung von und die Orientierung in solchen Beziehungen und Verflechtungen im Hinblick auf eine nachhaltige Entwicklung im Vordergrund.

Schülerinnen und Schüler leben in unterschiedlichen Räumen und erfahren räumliche und lebensweltliche Zusammenhänge durch eigene Begegnungen und durch Informationen und Berichte in Medien zu Räumen und Lebenssituationen in der Nähe und Ferne. Dabei entwickeln sie Vorstellungen von der Vielfalt, Eigenart und Ungleichheit menschlicher Lebenssituationen. Sie werden mit Vorstellungen, Karten, Bildern und „Konstruktionen" der „kleinen und großen Welt" konfrontiert und orientieren sich dabei auf ihre Weise und mit unterschiedlichen Strategien. Sie erfahren, dass Menschen Vorstellungen von der Welt selber konstruieren, und dass in Berichten und Darstellungen unterschiedliche reale und fiktionale Ansichten der Welt dargelegt werden.

Schülerinnen und Schüler lernen dabei, sich in ihrer natürlichen und gebauten Umwelt zu orientieren, und sie erfahren, wie unterschiedlich Räume sind, wie unterschiedlich Menschen leben und ihre Umwelt nutzen. Sie werden sich zunehmend bewusst, dass wir Menschen in einem engen Bezug stehen zu Naturgrundlagen wie Wasser, Luft, Boden, Rohstoffe und Energie, und dass wir Menschen durch unsere Bedürfnisse und unser Tun Naturgrundlagen nutzen, Natur gestalten, zu Veränderungen beitragen und Lebensgrundlagen gefährden, aber auch schonen können. Diese Erfahrungen führen auch zu Fragen der Teilhabe und Mitwirkung in der Gestaltung der Umwelt und der Handlungsmöglichkeiten im eigenen Lebensraum mit dem Blick auf die Verflechtungen weltweit. Schülerinnen und Schüler gewinnen Einblicke in das „Leben in einer Welt" sowie in Beziehungen und Verflechtungen, Abhängigkeiten und Ungleichheiten lokal bis global.

Eine elementare geographische Bildung führt Grundschülerinnen und -schüler, ausgehend von eigenen Erfahrungen und von exemplarischen und für sie bedeutsamen Beispielen, zur Begegnung, Erschließung und Auseinandersetzung mit Fragen
- wie wir Räume und räumliche Situationen wahrnehmen, wie wir uns Räume und Lebenssituationen von Menschen denken und konstruieren und uns in Räumen orientieren
- wie wir uns über räumliche Situationen und die Lebenssituationen von Menschen in nahen und fernen und fremden Gebieten informieren können, und wie wir mit unterschiedlichen Informationen umgehen und uns orientieren
- wie Menschen in unterschiedlichen Räumen in Beziehung stehen zu natürlichen Grundlagen, wie sie diese nutzen, gestalten, verändern und gefährden, und wie sie mit Naturereignissen umgehen (müssen)
- wie und warum Räume, Lebenssituationen und kulturelle Situationen so vielfältig und verschieden sind in der näheren Umgebung und global, und wie wir mit verschiedensten Räumen verflochten sind
- wie Identität, Vertrautheit, räumliche und soziale Orientierung, „Heimat" gemacht, aufgebaut, erfunden und gefunden werden kann, wo Menschen Verhaltenssicherheit erfahren mit Dingen, Verhältnissen und Personen
- wie Menschen im Sinne eines nachhaltigen Umgangs bei der Gestaltung der natürlichen und gesellschaftlichen Umwelt teilhaben und mitwirken können

Geographische Perspektive	
Perspektivenbezogene Denk-, Arbeits- und Handlungsweisen:	
DAH GEO 1:	*Räume und Lebenssituationen in Räumen wahrnehmen; Vorstellungen und Konzepte dazu bewusst machen und reflektieren*
DAH GEO 2:	*Räume erkunden, untersuchen und Ergebnisse dokumentieren*
DAH GEO 3:	*Sich in Räumen orientieren, mit Orientierungsmitteln umgehen*
DAH GEO 4:	*Ordnungsmuster zu räumlichen Situationen und zu Natur-Mensch-Beziehungen aufbauen und weiterentwickeln*
Perspektivenbezogene Themenbereiche:	
TB GEO 1:	*Naturphänomene, natürliche Zyklen und Kreisläufe*
TB GEO 2:	*Menschen nutzen, gestalten, belasten, gefährden und schützen Räume*
TB GEO 3:	*Vielfalt und Verflechtungen von Räumen; Lebenssituationen nah und fern*
TB GEO 4:	*Entwicklungen und Veränderungen in Räumen*

4.3.2 Perspektivenbezogene Denk-, Arbeits- und Handlungsweisen

Bei den geographiebezogenen Denk-, Arbeits- und Handlungsweisen spielt Orientierungsfähigkeit in unmittelbar erfahrbaren Räumen und zu fernen Räumen, der Umgang mit Orientierungsmitteln und der Aufbau und die Reflexion von Orientierungsmustern und räumlichen Vorstellungen eine zentrale Rolle. Von Bedeutung sind zudem die Entwicklung der Wahrnehmungsfähigkeit zu raumbezogenen Erscheinungen und Situationen, das Erschließen und Erkunden räumlicher Merkmale, Beziehungen und Situationen sowie die Entwicklung und Umsetzung von Handlungsweisen im Umgang mit unserer Umwelt und mit ihrer Gestaltung. Dabei wird der Blickwinkel auf lokale und globale Situationen, Beziehungen, Verflechtungen und Abhängigkeiten ausgerichtet. Schülerinnen und Schüler können dabei zunehmend Interesse und Neugierde für ihre nähere, vertraute Welt und für fremde Welten entwickeln und dabei zunehmend eigenständig werden im Wahrnehmen, Erschließen und sich Orientieren in ihrer Umwelt.

(1) Räume und Lebenssituationen in Räumen wahrnehmen; Vorstellungen und Konzepte dazu bewusst machen und reflektieren

Menschen nehmen ihre Umwelt häufig als gegeben und selbstverständlich und damit oft auch wenig bewusst wahr. Sie haben aufgrund von Erfahrungen oder „Gehörtem" unterschiedliche Vorstellungen und auch Vorurteile zu räumlichen Situationen und Lebensweisen von Menschen in der Nähe und Ferne. Es gilt daher, Räume und Erfahrungen zu räumlichen Situationen zu erfassen und zu beschreiben, sich bewusst zu werden, wie eigene Erfahrungen Vorstellungen prägen können, wie dabei auch „Vor-Urteile" und „verzerrte Bilder" entstehen und wie wir uns entsprechend orientieren und unsere Vorstellungen weiterentwickeln können.

Schülerinnen und Schüler können:
- in ihrer vertrauten Umgebung wahrnehmen und beschreiben, was ihnen in Räumen auffällt, wie sie ihre Umwelt empfinden und was ihnen bedeutsam ist
- Vorstellungen zu räumlichen Situationen in ihrer Nähe und Ferne beschreiben und darlegen, welche Erfahrungen und „Vor-Bilder" zu diesen Vorstellungen geführt haben
- eigene Erfahrungen und Vorstellungen von räumlichen Situationen mit unterschiedlichen Darstellungen in Medien (z.B. Weltkarten, Kinderatlanten, Globen; Bilder, Texte und Graphiken von Räumen in Comics, in Sachbüchern, in Kinderzeitschriften) vergleichen und dabei gezielte Überlegungen anstellen, welche Vorstellungen unterschiedliche Darstellungsformen vermitteln und was sie bedeuten können
- am Beispiel eigener Erfahrungen darüber berichten, wie wir über andere Räume und Bevölkerungsgruppen denken und wie möglicherweise Menschen aus anderen Gebieten über uns und unseren Lebensraum denken

- persönlich bedeutsame Lebensräume des Wohnortes, des Stadtteils oder der Region zeichnerisch sichtbar machen und dabei (in „subjektiven Karten") persönliche Wahrnehmungen und Bewertungen von Raum und Raumbezügen zum Ausdruck bringen

(2) Räume erkunden, untersuchen und Ergebnisse dokumentieren
Schülerinnen und Schüler erschließen sich räumliche Gegebenheiten und werden zunehmend vertraut mit räumlichen Erscheinungen und Situationen in der natürlichen und gebauten Umwelt, indem sie sich in diesen aktiv-entdeckend bewegen und dabei zu überschaubaren Aspekten, Merkmalen und Situationen (z.b. zu Naturphänomenen, zu von Menschen geschaffenen Objekten und Einrichtungen oder zu Mensch-Natur-Beziehungen) im Raum Beobachtungen vornehmen, Daten erheben, kartieren, Personen befragen und ihre Ergebnisse darlegen.

Schülerinnen und Schüler können:
- Merkmale und Situationen in der eigenen Umgebung (z.B. auf dem Schulweg, in der eigenen Wohnumgebung oder am Wohnort) nach vorgegebenen Gesichtspunkten erfassen, benennen und festhalten
- Formen für das Erfassen, Beschreiben und Festhalten von Naturphänomenen, von durch Menschen geschaffenen Objekten und Einrichtungen und von Natur-Mensch-Beziehungen im Gelände anwenden (z.B. eine Skizze erstellen, auf einer Karte Eintragungen vornehmen, fotografieren, zählen und messen, befragen)
- selbst und im Austausch mit anderen Gesichtspunkte für das Beobachten und Erheben von Eindrücken, Merkmalen und Situationen zusammenstellen
- Fragen und Vermutungen zu überschaubaren Phänomenen (wie z.B. Wetter) stellen bzw. anstellen sowie Vorschläge entwickeln, wie diese untersucht werden können
- aufgrund von Fragen aus Erkundungen nach zusätzlichen Informationen recherchieren (z.B. in Broschüren zu Objekten oder Einrichtungen in der näheren Umgebung, in Sachbüchern, Nachschlagewerken, durch Befragen von ortskundigen Personen oder Fachpersonen) und Erkenntnisse daraus darstellen
- für ein überschaubares eigenes Erkundungsvorhaben (z.B. zu besonderen Naturorten am Wohnort, zu „Woher kommt unser Trinkwasser, wohin geht unser Abwasser?", zu Verkehrsanlagen und -flüssen in der eigenen Umgebung, zu Einkaufs- oder Freizeiteinrichtungen am eigenen Wohnort) Fragen entwickeln, das Vorgehen planen, die Materialien zusammenstellen, die Erkundungen bzw. Experimente durchführen sowie die Ergebnisse und die Antworten zu den Fragen zusammenstellen

(3) Sich in Räumen orientieren, mit Orientierungsmitteln umgehen
Sich eigenständig in Räumen zu bewegen, zurechtzufinden und sich selber „verorten" zu können, bedingt die (Weiter-)Entwicklung von Fähigkeiten und Strategien zur räumlichen Orientierung und zum Umgang mit verschiedenen Orientierungsmitteln wie Plänen und Karten verschiedenster Art. Ausgehend von ihren Alltagserfahrungen lernen die Schülerinnen und Schüler zunehmend, sich in räumlichen Situationen zurechtzufinden, räumliche Merkmale, Lagebezüge, Proportionen und Dimensionen, Verbindungen und Netze zu verorten und räumliche Situationen aus verschiedenen Blickwinkeln zu betrachten.

Schülerinnen und Schüler können:
– die räumliche Lage sowie Wegverläufe in ausgewählten vertrauten Orten am Wohnort und in der Region beschreiben und zeichnerisch festhalten (z.b. den Schulweg, die eigene Wohnumgebung, den Weg vom Wohnort in die nächstgelegene größere Stadt)
– in ihrer vertrauten Umgebung räumliche Referenzpunkte (z.b. Himmelsrichtungen, zentrale „Landmarken") zeichnerisch festhalten und für die Orientierung im Raum anwenden
– vertraute räumliche Elemente in der eigenen Umgebung auf Ortsplänen, Karten, Luft- und Satellitenbildern auffinden
– wichtige Darstellungsmittel (z.B. Signaturen, Maßstabsangaben auf Balken, Richtungsangaben, Koordinatenmuster) auf Karten lesen und beschreiben
– sich anhand von Hilfsmitteln (z.B. einer einfachen Kartenskizze, einem Ortsplan, einer topographischen Karte, einem Verkehrsnetzplan der eigenen Region – gegebenenfalls auch erweitert mit GPS) im Realraum orientieren, ausgewählte Orte auffinden und ausgehend von der Darstellung in der Karte einfache räumliche Situationen beschreiben
– auf Weltkarten und Globen bzw. mithilfe elektronischer Darstellungsmittel (wie z.B. Satellitenbilder, Google Earth) grundlegende räumliche Merkmale (z.B. Kontinente, Meere, ausgewählte Länder) auffinden und beschreiben

(4) Ordnungsmuster zu räumlichen Situationen und zu Natur-Mensch-Beziehungen aufbauen und weiterentwickeln
Räumliche Orientierungsraster und Ordnungssysteme zu Natur-Mensch-Beziehungen dienen dazu, Situationen in der Umwelt und auch das eigene Handeln besser zu verstehen sowie Ideen für künftige Handlungs- und Gestaltungsweisen im Alltag zu entwickeln. Schülerinnen und Schüler entwickeln für sich Orientierungshilfen, indem sie ausgehend von ihren Erfahrungen und an überschaubaren Beispielen lernen, Sachen und Situationen zu ordnen, miteinander in Beziehung zu stellen, Verknüpfungen und Abhängigkeiten herzuleiten und damit in einfacher Form Strukturen zu erkennen.

Schülerinnen und Schüler können:
- an überschaubaren Beispielen Beziehungen von Menschen zu ihrer Umwelt beschreiben und einfache Beziehungsmuster darstellen (z.b. wie wir Naturgrundlagen nutzen, wie wir täglich unterwegs sind und was es dazu für Anlagen und Einrichtungen im Raum braucht)
- die Lage von Orten und anderer Elemente in der Landschaft (z.b. Flüsse oder Hügel/ Berge) in der näheren Umgebung und die Lage zueinander (Lage, Distanzen, räumliche Proportionen) beschreiben und in Skizzen festhalten
- die Lage und den räumlichen Zusammenhang kennzeichnender Raummerkmale mit Hilfe von Hilfsmitteln (z.b. Globus, Weltkarte, Landkarte) lokal bis global beschreiben (z.b. die Verteilung von Kontinenten und Meeren, Gebirge und Flüsse in Europa, Deutschland/ Österreich/ Schweiz oder die Region)
- räumliche Bezugspunkte und Dimensionen miteinander in Beziehung setzen (Wohnort, Kreis/ Region, Bundesland, Deutschland/ Österreich/ Schweiz, Europa, Kontinente, Erde) sowie räumliche Proportionen ansatzweise einordnen
- in einfachen modellartigen Darstellungen (z.b. Kartenskizzen, Netzplan, Sandkastenmodell, Globus, Modell von Sonne-Erde-Mond) räumliche Merkmale und Situationen darstellen, dabei selber Repräsentationsformen finden sowie Lagebezüge und räumliche Proportionen angemessen in den Darstellungen/ Modellen eintragen
- aufgrund von Erfahrungen und Einblicken persönliche Vorstellungen als eigene Orientierungsmuster von räumlichen Situationen und zu Beziehungen zur Umwelt zusammenstellen (z.B. eine persönliche Welt- bzw. Europakarte, „mein Globus", „meine Unterwegs- und Freizeitkarte", „mein ökologischer Fußabdruck"), darstellen (z.b. in Skizzen oder durch einfache Strukturbilder) und diese im Austausch mit anderen kommentieren und persönlich beurteilen

4.3.3 Perspektivenbezogene Themenbereiche

Die geographiebezogenen Themenbereiche beziehen sich auf naturräumliche Phänomene, welchen Kinder in ihrem Alltag und durch Informationen in Medien begegnen, auf Fragen der Beziehungen zwischen Menschen und ihrer Umwelt und darauf, wie Menschen Räume nutzen, gestalten, verändern und auch gefährden, auf die Vielfalt und Unterschiedlichkeit von Räumen und Lebensweisen von Menschen in verschiedenen Gebieten in der Nähe und Ferne sowie auf Veränderungen und Entwicklungen in unserer Umwelt und der Lebensbedingungen von Menschen auf der Erde. Die geographische Perspektive geht aus von persönlichen Vorstellungen, Wahrnehmungen, Erfahrungen und Einschätzungen der Schülerinnen und Schüler und sie ermöglicht die Begegnung und Auseinandersetzung mit Fragen der Vielfalt, Eigenart, Unterschiedlichkeit und Ungleichheit von räumlichen Situationen und Lebensweisen von Menschen. Zudem fördert sie die Reflexion zu Fragen des Umgangs mit unserer natürlichen und gebauten Umwelt und zum Aufbau von Handlungsweisen mit Blick auf eine nachhaltige Entwicklung lokal und global.

(1) Naturphänomene, natürliche Zyklen und Kreisläufe
Naturgeographische Phänomene beziehen sich auf die verschiedenen Sphären der Erde, wie auf die Luft und die Atmosphäre, auf das Wasser und das unterschiedliche Vorkommen von Wasser in, auf und über der Erde, auf den Boden, auf Steine und auf Prozesse, Formen und „Produkte" durch erdinnere und -äußere „Kräfte". Dazu gehören auch Phänomene zur Erde als Planet und zum Weltraum sowie spezielle Naturereignisse und -gefahren wie Überschwemmungen oder Stürme. Kinder im Grundschulalter verbinden im Normalfall viele Erlebnisse und Erfahrungen mit Naturphänomenen und sind oft fasziniert und interessiert daran, über sie zu staunen, aber auch, dazu Fragen nachzugehen und dadurch Naturphänomene zu erschließen und zu begreifen. In diesem Themenbereich sind in besonderem Maße Verknüpfungen zur naturwissenschaftlichen Perspektive gegeben.

Schülerinnen und Schüler können:
– über eigene Erfahrungen mit Phänomenen in der Natur berichten, eigene Vorstellungen von Phänomenen beschreiben und im Austausch mit anderen Personen Fragen dazu einbringen (z.B. zu Erscheinungen am Nachthimmel oder zu Wetterphänomenen wie Wind und Wolken)
– naturraumbezogene Phänomene in der eigenen Umgebung wahrnehmen, beobachten, messen und beschreiben (z.B. Wetterelemente wie Temperatur, Wind, Bewölkung, Niederschlag und Wetterverläufe oder Unterschiede in der Natur in verschiedenen Jahreszeiten)
– zur Entstehung und Ausprägung von naturraumbezogenen Phänomenen Vermutungen äußern und aufgrund des Vorwissens und von Erfahrungen eigene Erklärungen geben (z.B. zum „Sonnenlauf" oder zu den Mondphasen, zu Verdunstung, Kondensation und Niederschlag)
– einfache Sachverhalte und Zusammenhänge zu ausgewählten Phänomenen beschreiben, erklären und dabei in Ansätzen auch Elemente zu Zyklen und Kreisläufen zuordnen sowie einfache Gesetzmäßigkeiten beschreiben (z.B. Tag und Nacht; Bewegungen von Erde, Mond, Sonne oder lokale und globale Wasserkreisläufe)
– über die Bedeutung von Naturgrundlagen für das Leben von Pflanzen, Tieren und Menschen nachdenken und Überlegungen zum Umgang mit Naturgrundlagen anstellen

(2) Menschen nutzen, gestalten, belasten, gefährden und schützen Räume
Menschen nutzen und gestalten Räume – sie wohnen, arbeiten, sind unterwegs, verbringen ihre Freizeit und erholen sich, versorgen sich mit Gütern und entsor-

gen viele wieder, informieren sich und kommunizieren. Dazu und dabei nutzen sie Naturgrundlagen, gestalten ihre Umwelt mit Bauten und Anlagen und belasten und gefährden dadurch zum Teil ihren Lebensraum. Die Schülerinnen und Schüler erschließen sich an für sie bedeutsamen Beispielen verschiedene Aspekte zu „Mensch-Umwelt-Beziehungen" in der eigenen Umgebung, in der Region und global und bedenken dabei Fragen zum Umgang der Menschen mit natürlichen Grundlagen und ihrer Umwelt. In diesem Themenbereich sind in besonderem Maße Verknüpfungen zur sozialwissenschaftlichen Perspektive gegeben.

Schülerinnen und Schüler können:
− über eigene Erfahrungen und Erlebnisse zu verschiedenen Lebenssituationen, zu räumlichen Bezügen und zu Naturgrundlagen erzählen (z.B. zum Wohnen, zur Freizeit, zum unterwegs Sein, zu Erlebnissen in der Natur)
− raumbezogene Merkmale und Situationen beschreiben und einfache Zuordnungen und in Ansätzen Typisierungen und Gruppenbildungen zu Grunddaseinsfunktionen vornehmen (z.B. wie und wie unterschiedlich Menschen wohnen oder wo und wie Menschen in ihrer Arbeit und in ihrer Freizeit unterwegs sind)
− an Beispielen aus der eigenen Umgebung erschließen, darlegen und einschätzen, wie und warum verschiedene Einrichtungen und Anlagen im Raum angeordnet sind, und welche Bedeutung sie haben (z.B. Verkehrsverbindungen, Schulen, Einkaufsmöglichkeiten oder Freizeitanlagen)
− an Beispielen beschreiben, was in Räume „kommt" und was aus Räumen „geht" (z.B. Warentransporte, die Versorgung mit Wasser und Energie bzw. die Entsorgung von Müll oder Abwasser)
− Vergleiche zwischen verschiedenen Raummerkmalen und Raumsituationen anstellen und dabei Gemeinsamkeiten und Unterschiede zusammentragen und benennen (z.B. Wohnen in der Stadt und auf dem Lande oder Arbeitsorte vs. Freizeitorte)
− Vermutungen, Überlegungen und Ideen anstellen bzw. entwerfen, welche Bedeutung bestimmte Merkmale, Vorkommen und Situationen der natürlichen und gestalteten Umwelt für verschiedene Menschen und Menschengruppen haben (z.B. die Versorgung mit Wasser oder landwirtschaftliche Bedingungen wie Klima oder Bodenqualität)
− mögliche Umgangsformen mit den Naturgrundlagen wahrnehmen, erkennen und die Bedeutung eines nachhaltigen Umgangs mit Naturgrundlagen verstehen (z.B. in der Landwirtschaft, bei der Freizeitgestaltung oder bei Konsumentscheidungen)

(3) Vielfalt und Verflechtungen von Räumen; Lebenssituationen nah und fern
Räume und Lebenssituationen sind sehr unterschiedlich geprägt. Zwischen verschiedenen Räumen bestehen mannigfache Beziehungen und Verflechtungen, und es zeigen sich große Unterschiede und Ungleichheiten von Lebenssituationen in verschiedenen Gebieten der Erde. Die Schülerinnen und Schüler nehmen die Vielfalt und Unterschiedlichkeit von Räumen und Lebenssituationen wahr, stellen Vergleiche an und verorten dabei auch die eigene Lebenssituation. Dabei bedenken sie Fragen zu eigenen Verknüpfungen und Abhängigkeiten sowie Ungleichheiten in der eigenen Umgebung und global sowie zu ihren Vor- und Einstellungen und zu Handlungsmöglichkeiten in ihrem Alltag. In diesem Themenbereich sind in besonderem Maße Verknüpfungen zur sozialwissenschaftlichen Perspektive gegeben.

Schülerinnen und Schüler können
– mithilfe von Bildern, Karten, überschaubaren Zahlenangaben u.a. Vergleiche zwischen verschiedenen räumlichen Situationen anstellen. Sie können dabei Merkmale, Situationen, Gemeinsamkeiten und Unterschiede beschreiben und persönliche Bezugspunkte darlegen (z.B. die Vielfalt und Eigenart von Orten und Räumen bzgl. ihrer Lage, Ausstattung, Nutzung wie z.B. ländlich – städtisch, industriell geprägt oder Wohnorte – Ferienorte)
– an ausgewählten Beispielen und ausgehend von eigenen Erfahrungen einfache Beziehungen und Verknüpfungen zwischen Räumen und räumlichen Situationen beschreiben, zuordnen und erklären bzw. dazu Vermutungen anstellen, Fragen stellen und im Austausch mit anderen nach Antworten und Erklärungen suchen (z.B. die Bedeutung von Orten für unseren Alltag – wofür wir aufs Land, in die Berge oder in die Stadt gehen; die Wege von verschiedenen Nahrungsmitteln und Gütern)
– sich aufgrund von Berichten in Medien (z.B. Kinder- und Jugendsachbücher, Kinderserver im Internet) informieren, wie unterschiedlich Menschen in anderen Räumen leben und was ihren Alltag prägt
– ausgehend von eigenen Fragen und Interessen nach Informationen zu Räumen und Lebensweisen von Menschen in fernen Gebieten suchen, diese verarbeiten und Erkenntnisse dazu in selbst gewählten Darstellungsmitteln umsetzen und darstellen
– sich ansatzweise gedanklich in andere Lebenssituationen versetzen, ihre Vorstellungen dazu beschreiben und Situationen aus anderen Blickwinkeln erörtern (z.B. Was bedeutet es für Menschen, wenn sie von Hunger oder von Überschwemmungen bedroht sind oder in einem typischen Feriengebiet zu Hause sind?)
– Vergleiche zwischen verschiedenen Lebenssituationen in anderen Räumen der Erde und der eigenen Lebenssituation anstellen, Unterschiede festhalten und über Ursachen für diese Unterschiede und auch Ungleichheiten nachdenken

– Vorstellungen und Beziehungen zum eigenen Lebensraum und zu Gebieten und Bevölkerungsgruppen in fernen Räumen darlegen und beschreiben (z.b. was sie anspricht, fasziniert, was für sie bedeutsam ist bzw. was ihnen fremd ist oder was Vorbehalte erzeugt)

(4) Entwicklungen und Veränderungen in Räumen
Räume, Objekte, Anlagen u.a. der natürlichen und der gebauten, gestalteten Umwelt sind geprägt durch unterschiedliche natürliche und gesellschaftliche Entwicklungen und Veränderungen, die in verschiedenen zeitlichen Dimensionen verlaufen sind (z.b. geologische Prozesse, Landschaftswandel, Umweltveränderungen, Veränderungen bei Bevölkerungsgruppen). Die Schülerinnen und Schüler nehmen an exemplarischen und für sie bedeutsamen Beispielen Einblick und orientieren sich, wie unterschiedlich sich Räume und damit auch die Lebenssituationen von Menschen verändern und entwickeln. In diesem Themenbereich sind in besonderem Maße Verknüpfungen zur historischen Perspektive gegeben.

Schülerinnen und Schüler können:
– Veränderungen in der natürlichen und gestalteten Umwelt in der eigenen Umgebung beobachten und dokumentieren (z.b. saisonale Veränderungen oder Veränderungen bei Wohnbauten, Verkehrsanlagen, Freizeiteinrichtungen, Industrieanlagen u.a. in der näheren Umgebung)
– mithilfe von unterschiedlichen Spuren, Schrift-, Karten- und Bildquellen Entwicklungen und Veränderungen beschreiben und einordnen (z.b. Veränderungen am Wohnort, in der Natur; Spuren der Erdgeschichte, wie beispielsweise Gesteine und Fossilien)
– ausgehend von aktuellen Situationen in der natürlichen und gestalteten Umwelt Vermutungen anstellen und Belege suchen, wie etwas geworden ist und wie sich bestimmte Sachen und Situationen verändern (z.B. die Entwicklung des Dorf- oder Stadtteils, Zu- und Abwanderungen von Menschen in Räumen oder die Entstehung unterschiedlicher Formen in unserer Landschaft)
– Ideen für die Gestaltung des Lebensraumes entwerfen, im Austausch mit anderen darlegen, argumentieren und zu Ideen anderer Personen Stellung nehmen, dabei Wünsche und Anliegen benennen, begründen und Möglichkeiten für die eigene Mitwirkung und Umsetzung entwerfen (z.B. zur Raumgestaltung und -nutzung auf dem Schulgelände, in der häuslichen Umgebung oder zur nachhaltigen Entwicklung und Lebensgestaltung)
– an kleinen Projekten zur Schonung und zum Schutz von Naturgrundlagen und unseres Lebensraumes mitwirken (z.B. im Bereich Abfall, Mobilität oder bei lokalen Naturschutzprojekten)

4.4 Zur historischen Perspektive: Zeit – Wandel

4.4.1 Zum Bildungspotenzial
Das menschliche Leben als Individuum und gesellschaftliches Wesen ist in zeitliche Prozesse eingebunden. Die aktuelle Lebenssituation ist entstanden durch Prozesse, Entwicklungen und Entscheidungen in der Vergangenheit; gleichermaßen wird die Zukunft durch aktuelle Entwicklungen und Prozesse beeinflusst. Die Beschäftigung mit der Geschichte betrifft somit eine zentrale Frage menschlichen Daseins.
Kinder leben in einer geschichtsgesättigten Umwelt, ihr Alltag ist durchdrungen von Vergangenem: Sie sehen Fernsehsendungen oder spielen Computerspiele mit historischem oder pseudohistorischem Hintergrund, lesen Asterix-Comics, gehen auf Mittelalterfeste, besichtigen mit ihren Eltern und Geschwistern im Urlaub Burgen und Museen, hören von Straßen mit fremdartig anmutenden Namen, die sie nicht verstehen, erfahren, dass ihre Bezugspersonen von „früher" erzählen (dass da alles besser war oder wenigstens vieles anders) usw. Diese „Geschichtskultur" erzeugt bei Kindern Fragen, Unverständlichkeiten, produziert möglicherweise auch falsche Informationen oder einseitige Deutungen – die Klärung des Un- und Missverstandenen ist eine zentrale Aufgabe des historischen Lernens in der Grundschule. Gleichzeitig erweitert die gezielte Begegnung mit Geschichte die Erfahrungs- und Denkmöglichkeiten von Kindern – in der Geschichte präsentieren sich vielfältige Möglichkeiten menschlichen Lebens, Denkens und Handelns, die im Alltag der Kinder (noch) nicht repräsentiert sind, und die Auseinandersetzung mit ihnen kann das eigene Leben bereichern, die eigenen Horizonte und Perspektiven erweitern. Und schließlich erfahren die Kinder in der Beschäftigung mit der Geschichte, dass Vergangenheit, Gegenwart und Zukunft zusammenhängen; indem sie verstehen, dass früheres Handeln (oder Nicht-Handeln) heutiges Leben beeinflusst hat, können sie auch verstehen, dass heutiges Handeln, also auch ihr Handeln, das Leben zukünftiger Generationen beeinflusst.
Eine elementare historische Bildung führt Grundschülerinnen und -schüler, ausgehend von eigenen Erfahrungen und von exemplarischen und für sie bedeutsamen Themen, zur Begegnung, Erschließung und Auseinandersetzung mit Fragen menschlichen Lebens und Handelns im Wandel der Zeit.
Oberstes Ziel des historischen Lernens im Sachunterricht ist die Förderung der Fähigkeit zum historischen Denken, anders ausgedrückt: die Entwicklung eines reflektierten Geschichtsbewusstseins. Dabei geht es nicht in erster Linie um den Erwerb von Faktenwissen, sondern um die – methodisch angeleitete und zunehmend systematische – gemeinsame Auseinandersetzung mit historischen Fragen, Problemen und Gegenständen, die im kindlichen Interesse sind bzw. für die kindliches Interesse geweckt werden kann.

Zum historischen Denken gehört unabdingbar, den Unterschied zwischen *realer* Vergangenheit und *rekonstruierter* Geschichte, d.h. den Konstruktionscharakter von Geschichte, zu kennen. Geschichte erschließt sich durch die Historische Methode: Zunächst wird aus der Gegenwart heraus eine Fragestellung formuliert. Um sie zu beantworten, müssen Quellen und Darstellungen recherchiert, gesichtet und beurteilt werden. Sind die aussagekräftigen Quellen und Darstellungen beisammen, muss man sie interpretieren. Schließlich folgt die Darstellung (Narrativierung) der gewonnenen Erkenntnisse. Es geht also um historische Sinnbildungsprozesse durch Erzählung.

Zentrales Motiv der historischen Erkenntnisgewinnung ist ein Orientierungsbedürfnis, das sowohl gesellschaftlich bzw. kollektiv als auch persönlich bzw. individuell geprägt sein kann. Es ergibt sich zum einen aus der Frage nach den eigenen Wurzeln („Woher komme ich/ kommen wir?"), deren Erkundung die Basis für gegenwärtiges und zukünftiges Handeln ist („Wohin gehe ich/ gehen wir?"), zum anderen auch aus dem Bedürfnis, durch den Blick in die Vergangenheit andere, fremde Denk-, Lebens- und Handlungsweisen kennen zu lernen und so seinen eigenen Horizont zu erweitern, um gegenwärtige Probleme und Handlungsansprüche besser verstehen und zukünftige Handlungsperspektiven entwickeln zu können. Geschichte definiert sich durch diese Verknüpfung der drei Zeitebenen Vergangenheit, Gegenwart und Zukunft.

Historische Perspektive	
Perspektivenbezogene Denk-, Arbeits- und Handlungsweisen:	
DAH HIST 1:	*Fragen nach Veränderungen menschlichen Zusammenlebens in der Zeit stellen (Historische Fragekompetenz)*
DAH HIST 2:	*Mit Quellen und Darstellungen umgehen und ihnen historischen Sinn entnehmen (Historische Methoden- bzw. Medienkompetenz)*
DAH HIST 3:	*Sinnhafte und intersubjektiv überprüfbare Erzählungen bilden (Historische Narrationskompetenz)*
Perspektivenbezogene Themenbereiche:	
TB HIST 1:	*Orientierung in der historischen Zeit*
TB HIST 2:	*Alterität und Identität*
TB HIST 3:	*Dauer und Wandel*
TB HIST 4:	*Fakten und Fiktion*

4.4.2 Perspektivenbezogene Denk-, Arbeits- und Handlungsweisen

Grundsätzlich kann man, wie in den weiterführenden Schulen, von fünf Kompetenzbereichen ausgehen: Historische Fragekompetenz, historische Sachkompetenz, historische Methoden- bzw. Medienkompetenz, historische Narrationskompetenz und historische Orientierungskompetenz. Im Prinzip kommen alle diese Kompetenzbereiche bei der Auseinandersetzung mit einem historischen Thema zum Tragen. Anknüpfend an die spezifischen Lernvoraussetzungen und Interessen von Grundschulkindern, angesichts der Rahmenbedingungen des Sachunterrichts und der Anschlussfähigkeit historischen Lernens erscheint es allerdings sinnvoll, sich hier vor allem auf eine systematische Förderung von drei Kompetenzbereichen zu beschränken (wobei die anderen prinzipiell mitgedacht werden, weil selbstverständlich in der Auseinandersetzung mit historischen Phänomenen auch Sach- und Orientierungskompetenz erworben werden, ohne dass dies aber hier systematisch geschehen müsste): die historische Frage-, die historische Methoden- bzw. Medienkompetenz und die historische Narrationskompetenz. Denn es geht zum einen um die Bearbeitung und Beantwortung ohnehin vorhandener oder auch neuer, angeregter Fragen an Geschichte (Frage- und Narrationskompetenz), zum anderen um die Förderung der grundlegenden Einsicht, dass diese Bearbeitung, dass also Erkenntnisse über die Vergangenheit nur über die Auseinandersetzung mit Quellen und Darstellungen möglich sind (Methoden- bzw. Medienkompetenz).

(1) Fragen nach Veränderungen menschlichen Zusammenlebens in der Zeit stellen (Historische Fragekompetenz)
Historische Fragekompetenz bezieht sich auf die Fähigkeit, Fertigkeit und Bereitschaft, historische Fragen (Fragen nach Veränderungen menschlichen Zusammenlebens in der Zeit) erkennen und selbst formulieren zu können. Historische Fragen können also von Schülerinnen und Schülern erst dann formuliert werden, wenn ihnen die Kategorien „Zeit" (vgl. TB HIST 1) und „Wandel/ Kontinuität" (vgl. TB HIST 3) bewusst sind und sie zumindest ansatzweise damit umzugehen wissen.
Historische Fragen lassen sich unterteilen in leitende, erkenntnisorientierte Fragen (z.B.: Warum wurde diese Stadtmauer gebaut?) und Fragen, die helfen sollen, den historischen Kontext zu erschließen (Wer konnte diesen Bau anordnen? Wer musste beim Bau mithelfen? Mit welchen technischen Hilfsmitteln wurde gebaut?). Die historische Methode beruht auf der leitenden Fragestellung, die den Erkenntnisprozess überhaupt erst beginnen lässt.
Über die Fähigkeit hinaus, diese beiden Fragetypen formulieren und voneinander (sowie von anderen, irrelevanten Fragen) unterscheiden zu können, beinhaltet die Fragekompetenz auch die Einsicht, dass historische Fragen immer aus der Gegenwart heraus gestellt werden und damit einem aktuellen Erkenntnisinteresse dienen.

Schülerinnen und Schüler können:
- Veränderungen menschlichen Handelns (z.B. die Erziehung von Jungen und Mädchen) oder gesellschaftlicher Strukturen (z.B. Wandlungen des Stadtraumes durch Zerstörungen, Abriss, Nutzungsveränderung oder Neubauten) zu zwei verschiedenen Zeitpunkten erkennen
- historische Veränderungen benennen und zielgerichtet nach ihren Ursachen fragen
- interessengeleitet konkrete historische Fragen entwickeln und sie sprachlich angemessen formulieren
- verstehen, dass eine historische Frage sich aus unserer gegenwärtigen Sichtweise ergibt

(2) Mit Quellen und Darstellungen umgehen und ihnen historischen Sinn entnehmen (Historische Methoden- bzw. Medienkompetenz)
Der Zugang zu Vergangenem ist ausschließlich über Medien möglich. Historische Methoden- bzw. Medienkompetenz bezieht sich daher auf die Fähigkeit, Fertigkeit und Bereitschaft, geeignete Medien (Quellen und Darstellungen) zu erkennen und ihnen historischen Sinn zu entnehmen.
Beim Erwerb historischer Methoden- bzw. Medienkompetenz geht es im Kern darum, wissenschaftlich verantwortbare und subjektiv bedeutsame Antworten auf historische Fragen zu gewinnen. Hierzu ist ein Zweischritt erforderlich: das Suchen und Finden von Informationsquellen und ihre Auswertung im Hinblick auf die historischen Fragen. Bei den Informationsquellen sind grundsätzlich Quellen und Darstellungen zu unterscheiden: Quellen aus der entsprechenden Zeit (z.B. Texte, Bilder, Gegenstände oder Aussagen von Zeitzeugen) sowie (spätere) Darstellungen (z.B. Kinder-, Jugend- und Schulbücher, Geschichtsfilme oder Ausstellungen). Ihrer Unterscheidung kommt zentrale Bedeutung zu, weil wir nur über die Quellen gleichsam „unmittelbar" etwas über das Vergangene erfahren, Darstellungen dagegen immer erst auf der Grundlage des aus Quellen gewonnenen Wissens entstehen. Bei der Auswertung der Informationsquellen geht es vor allem darum, ihren Aussagewert für die eigene Frage zu beurteilen und die relevanten Informationen zu ermitteln.

Schülerinnen und Schüler können:
- beschreiben, was eine historische Quelle ist und verschiedene Formen von Quellen (Text-, Bild- und Sachquellen) zuordnen
- Wege aufzeigen, wie sie für ihre historische Frage geeignete Quellen und Darstellungen suchen und finden können
- beim Vergleich unterschiedlicher Quellen und Darstellungen zum gleichen Thema Gemeinsamkeiten und Unterschiede benennen

- unterschiedliche Aussagen in Quellen auf unterschiedliche Interessen, Erfahrungen, Wissen etc. zurück führen
- auf Grundlage der Erkenntnis von Perspektivität schließen, dass Quellen und Darstellungen nicht als neutrale Information, sondern immer kritisch betrachtet werden müssen
- mit Rückbezug auf eine eingangs gestellte historische Frage in den Quellen und Darstellungen relevante von irrelevanten Informationen unterscheiden
- aus Quellen und Darstellungen Informationen entnehmen, die für die Beantwortung einer spezifischen historischen Frage wichtig sind
- berücksichtigen, dass eine Quelle zunächst aus ihrer jeweiligen Zeit heraus und nicht aus den Sichtweisen und Vorstellungen von heute zu lesen ist

(3) Sinnhafte und intersubjektiv überprüfbare Erzählungen bilden (Historische Narrationskompetenz)
Historische Narrationskompetenz besteht aus der Fähigkeit, Fertigkeit und Bereitschaft, aus der fragmentarischen Überlieferung vergangener Zeiten eine sinnhafte und intersubjektiv überprüfbare Erzählung zu bilden. Dieses „Erzählen" kann in unterschiedlichen Formen (z.B. mündlich, schriftlich, als Plakat, als Collage, als Film, als Spiel, als Ausstellung oder als Computerpräsentation) und für unterschiedliche Adressaten (z.B. für Mitschülerinnen und Mitschüler, für Eltern oder für die lokale Öffentlichkeit) geschehen.
Schülerinnen und Schüler können:
- mit den aus den Quellen und Darstellungen entnommenen Informationen eine sinnhafte und sprachlich angemessene Erzählung bilden
- eine schlüssige Antwort auf historische Fragen geben
- eine Geschichte für bestimmte Adressaten erzählen (z.B. für Mitschüler, Eltern, Fremde in der Stadt)
- die gewonnenen historischen Erkenntnisse in eine angemessene Form umsetzen (z.B. in einem Text, einer Ausstellung, einer Collage oder einem Film)

4.4.3 Perspektivenbezogene Themenbereiche
Historisches Lernen im Rahmen des Sachunterrichts ist in der Regel nicht gebunden an einen festen Inhaltskanon wie der Geschichtsunterricht der weiterführenden Schulen. Die Inhaltsauswahl geschieht zum einen orientiert an den Fragen und Interessen der Schülerinnen und Schüler, zum anderen an lebensweltlichen historischen Erfahrungen und Begegnungen. Daher haben Themen wie „Ritter", „Steinzeit", „Wikinger" oder „ägyptische Mumien" genauso ihre Berechtigung wie Inhalte aus der Kinder- und Familiengeschichte und der Geschichte vor Ort (sowohl Geschichte des Ortes, in dem die Kinder leben, als auch aktuelle geschichtskulturelle Phänomene und Kontroversen wie der Mittelalterjahrmarkt, ein örtliches Denkmal oder eine Hakenkreuzschmiererei).

(1) Orientierung in der historischen Zeit
Zeit ist die genuine historische Kategorie schlechthin. Geschichte wird durch Zeit konstituiert. In Lernprozessen geht es hierbei um die Fähigkeiten, sich in der Zeit zu orientieren sowie Vergangenheit, Gegenwart und Zukunft zu unterscheiden. Daraus erwächst die Erkenntnis, dass das eine in das andere übergeht. Die Schülerinnen und Schüler verstehen, dass Menschen Zeit nicht einfach nur messen (das wäre die physikalische Zeit), sondern mit ihr Sinn verbinden. In diesem Themenbereich sind in besonderem Maße Verknüpfungen zur naturwissenschaftlichen und zur geographischen Perspektive gegeben.

Schülerinnen und Schüler können:
– eine Zeitleiste erstellen und historische Ereignisse auf dieser Zeitleiste einordnen
– große historische Epochen begrifflich korrekt benennen (wie Vor- und Frühgeschichte, Antike, Mittelalter, Neuzeit) und auf der Zeitleiste identifizieren
– Zeitvorstellungen mit Kreislauf (z.B. Tag-/ Nachtwechsel, Jahreszeiten) und lineare Zeitvorstellungen (historische Zeit) verstehen und angemessen anwenden

(2) Alterität und Identität
Die Beschäftigung mit Geschichte ist die Beschäftigung mit Fremdheit – in der Auseinandersetzung mit historischen Personen und Phänomenen begegnen wir dem Fremden in der eigenen und fremden Geschichte. Die Annäherung an das Fremde geschieht durch die Ermittlung der jeweiligen Rahmenbedingungen und durch den Versuch des Perspektivenwechsels: Die Fremdreflexion erweitert und verändert auch die Selbstreflexion; die Begegnung mit dem Fremden unterstützt die Entwicklung von Identität. In diesem Themenbereich sind in besonderem Maße Verknüpfungen zur sozialwissenschaftlichen und zur geographischen Perspektive gegeben.

Schülerinnen und Schüler können:
– die Fremdheit vergangenen Lebens an konkreten Beispielen (z.B. die Bedeutung der Auseinandersetzung mit den natürlichen Lebensgrundlagen in der Steinzeit, die Rolle der Religion im Alten Ägypten oder die Erfahrungen von Kindern in einem totalitären System wie dem NS-Staat) und im Vergleich mit ihrem eigenen Leben erkennen
– Empathie für fremdartig erscheinende Lebensformen entwickeln
– fremde bzw. unbekannte Kulturformen als „anders", aber als prinzipiell gleichberechtigt akzeptieren

(3) Dauer und Wandel
Strukturen, Institutionen, menschliche Denk-, Lebens- und Verhaltensweisen usw. verändern sich im Verlauf der Zeit, allerdings in sehr unterschiedlicher Ge-

schwindigkeit und in einem sehr unterschiedlichen Ausmaß. An Beispielen aus ihrer Lebenswelt erkennen Grundschulkinder, wie sich Phänomene verändern (oder lange Zeit unverändert bleiben) und welche Auswirkungen dies hat; nicht zuletzt lernen sie damit auch etwas über sich selbst, indem sie feststellen, dass sie selbst bereits eine „Geschichte" haben, und sich diese Veränderungen in der Vergangenheit auch in der Zukunft fortsetzen werden. In diesem Themenbereich sind in besonderem Maße Verknüpfungen zur technischen, sozialwissenschaftlichen und zur geographischen Perspektive gegeben.

Schülerinnen und Schüler können:
- das eigene Leben und das ihrer Herkunftsfamilie auf einer Zeitleiste identifizieren und dabei wichtige Stationen dieses Lebens benennen
- an Gegenständen aus ihren eigenen Lebenswelten (insbesondere ihres Wohnortes) historische Veränderungen benennen
- erkennen und beschreiben, dass Wandel in unterschiedlichen Tempi ablaufen kann – z.B. als abrupter Bruch (bei plötzlichen Ereignissen, Erfindungen, z.B. durch das Ende eines Krieges oder eine Erfindung wie den Computer) oder als langsamer Prozess (z.B. die allmähliche Erweiterung und Akzeptanz unterschiedlicher familiärer Lebensformen)
- an ausgewählten Beispielen erkennen und beschreiben, dass Veränderungen und Entscheidungen im Heute Auswirkungen auf die Zukunft haben (z.B. bei der Umwandlung von Natur- in Kulturlandschaften durch die menschliche Nutzung, etwa bei der Entstehung der „natürlich" erscheinenden Lüneburger Heide)
- aus dem Wissen um historische Veränderungsprozesse ihr Verhalten auch mit Blick auf zeitlich folgende Konsequenzen ausrichten

(4) Fakten und Fiktion
Das vergangene Geschehen ist uns nicht mehr unmittelbar zugänglich. Es kommt also darauf an, unterscheiden zu können, was in der Geschichte wirklich war und was nicht – das entscheidende Kriterium hierfür ist die Tatsache, dass es Quellen gibt, die von dem Geschehenen erzählen.

Schülerinnen und Schüler können:
- den Unterschied zwischen erfundenen und wahren Geschichten benennen
- verstehen, dass historische Geschichten häufig einen historisch belegbaren Kern enthalten, ohne dass die gesamte Geschichte wahr ist
- Vorschläge formulieren, wie man herausfinden kann, ob eine Person in der Geschichte tatsächlich existiert hat oder nicht

4.5 Zur technischen Perspektive: Technik – Arbeit

4.5.1 Zum Bildungspotenzial

Technik durchdringt und prägt alle Lebensbereiche des Menschen. Sie sichert seine Existenz, erleichtert die Bewältigung des Alltags und bereichert die individuellen Lebensweisen; ihre Nutzung birgt andererseits aber auch Gefahren und belastet die Umwelt. Um Möglichkeiten und Folgewirkungen von Technik zu erkennen und eine humane und zukunftsfähige Technik mitdenken, mit verantworten und mitgestalten zu können, braucht jeder Mensch grundlegende Kenntnisse von Technik und ihren Wirkungs- und Bedingungszusammenhängen.

Kinder leben in dieser technisierten Welt; sie nutzen Technik und sind gleichzeitig auch von ihren Folgewirkungen betroffen. Sie haben im Normalfall ein unmittelbares Interesse, hinter die Dinge zu schauen, ihre Funktions- und Wirkungsweisen zu verstehen und technische Produkte zu schaffen. Der Umgang mit Technik in der Alltagswelt ist jedoch meist auf ein Bedienungs- und Umgangswissen reduziert; zugrunde liegende Funktionszusammenhänge, der produktive Charakter der Technik, die Bindung der Technik an Mittel und Zwecke sowie die Genese und Auswirkungen von Technik bleiben häufig unbekannt und unreflektiert. Eine frühe technische Bildung soll Kindern Zugänge zu technischem Handeln und Denken ermöglichen.

Technische Bildung wird durch spielerisches und probierendes Handeln im Elementarbereich vorbereitet, erhält durch die Auseinandersetzung mit Inhalten, die für Kinder bedeutsam sind, in der Primarstufe eine erste Basis und wird durch systematischeres Lernen im Sekundarbereich fortgeführt. Der Grundschule kommt dabei die Aufgabe zu, an sachlich gehaltvollen und für die Kinder zugänglichen Beispielen wesentliche Denk-, Arbeits- und Handlungsweisen der Technik zu erarbeiten sowie grundlegende Inhaltsfelder von Technik (Arbeit und Produktion, Bauen und Wohnen, Transport und Verkehr, Ver- und Entsorgung, Haushalt und Freizeit, Information und Kommunikation) zu erschließen und dabei die gesellschaftliche Dimension der Technik einzubeziehen. Das Identifizieren und produktive Lösen technischer Probleme mit den Prozessen der Problemfindung, des praktischen Handelns, Erkundens, Konstruierens, Optimierens und Bewertens ist zentrales Element einer technischen Bildung. Technische Bildung beschränkt sich jedoch nicht auf problemlösendes Tun, sondern umfasst auch das analysierende technische Denken als gedankliches Durchdringen technischer Prinzipien, Funktionsweisen und Prozesse wie auch das Bewerten und Kommunizieren von Technik. Erst die Verknüpfung von Handlungs- und Verstehensprozessen ermöglicht das Erfassen von technischen Gegenständen, Prozessen und Abläufen, die Übertragung des Erfassten auf weitere technische Bereiche sowie die kritische Auseinandersetzung mit Technik.

Eine elementare technische Bildung führt Grundschülerinnen und -schüler, ausgehend von eigenen Erfahrungen und von überschaubaren, exemplarischen und für sie bedeutsamen Beispielen zu technischen Fragen, bei denen sie die Gelegenheit haben,
– ihr lebenspraktisches technisches Können und Wissen zu erweitern, d.h. eine technisch-praktische Handlungsfähigkeit auszubilden,
– in eigenen Versuchen des Herstellens und Konstruierens den produktiv-schöpferischen Charakter der Technik sowie die Mittel-Zweck-Bindung im technischen Handeln zu erfahren,
– einfache technische Funktions- und Handlungszusammenhänge zu verstehen und technische Gegenstände und Prozesse in ihrer Lebenswelt zu analysieren,
– Bedingungszusammenhänge von Technik, Arbeit und Wirtschaft, Naturwissenschaften und Gesellschaft zu erkennen und zu reflektieren,
– sich mit Folgewirkungen von Technik, insbesondere mit Problemen der Umwelt und Sozialverträglichkeit (z.B. Arbeitsplatzverlust durch Automatisierung) reflektierend auseinanderzusetzen,
– Hemmnisse, Ängste und Inkompetenzgefühle im Umgang mit Technik abzubauen, geschlechtsspezifische Einstellungen zur Technik zu thematisieren und durch Kompetenzerfahrungen eine rationale und kritische Haltung zur Technik aufzubauen.

Technische Perspektive: Technik – Arbeit	
Perspektivenbezogene Denk-, Arbeits- und Handlungsweisen:	
DAH TE 1:	*Technik konstruieren und herstellen*
DAH TE 2:	*Technik und Arbeit erkunden und analysieren*
DAH TE 3:	*Technik nutzen*
DAH TE 4:	*Technik bewerten*
DAH TE 5:	*Technik kommunizieren*
Perspektivenbezogene Themenbereiche:	
TB TE 1:	*Stabilität bei technischen Gebilden*
TB TE 2:	*Werkzeuge, Geräte und Maschinen*
TB TE 3:	*Arbeitsstätten und Berufe*
TB TE 4:	*Umwandlung und Nutzung von Energie*
TB TE 5:	*Technische Erfindungen*

4.5.2 Perspektivenbezogene Denk-, Arbeits- und Handlungsweisen

Die technikbezogenen Denk-, Arbeits- und Handlungsweisen umfassen produktives technisches Handeln, analysierendes und auf Verstehen ausgerichtetes Erfassen von Technik sowie die Nutzung, Bewertung und Kommunikation von Technik. Der Aufbau zugeordneter Kompetenzen berücksichtigt die Interessen und Erfahrungen von Kindern und sichert somit – anhand von für Kinder erschließbarer Beispiele – die Zugänglichkeit der Denk-, Arbeits- und Handlungsweisen für die Kinder. Zugleich wird die Anschlussfähigkeit an eine technische Bildung in den weiterführenden Schulen ermöglicht.

Technische Denk-, Arbeits- und Handlungsweisen werden an konkreten technischen Inhalten erworben. Um dies deutlich zu machen, werden den prozessbezogenen Kompetenzen exemplarisch mögliche inhaltliche Themen zugeordnet. Auch die im Kompetenzmodell aufgeführten perspektivenübergreifenden Denk-, Arbeits- und Handlungsweisen werden durch die Auseinandersetzung mit technischen Themen gefördert: Kinder entwickeln Interesse an technischen Abläufen und Prozessen, sie lernen, unter Berücksichtigung von Zielen und Mitteln zu handeln, sie entwickeln im Handeln zunehmende Eigenständigkeit und sie reflektieren und verstehen Zusammenhänge auf der Grundlage von Handlungserfahrungen. Technisches Handeln und Denken fördert in hohem Maße auch die Sprachbildung, da durchgeführte Handlungsprozesse und produzierte Handlungsergebnisse als konkrete und anschauliche Grundlage für Kommunikation und Reflexion dienen können.

(1) Technik konstruieren und herstellen
Das Konstruieren und Herstellen von technischen Objekten gehört zu den zentralen technischen Denk-, Arbeits- und Handlungsweisen. Es umfasst das Verstehen einer Aufgabe oder eines Problems, das Entwerfen einer Lösung unter Berücksichtigung der gegebenen Rahmenbedingungen, das Planen des Fertigungsprozesses und die Fertigung sowie gegebenenfalls die Optimierung der Problemlösung. Kinder konstruieren bzw. fertigen auf verschiedenen Kompetenzniveaus: Zu unterscheiden sind einfache und komplexe Aufgabenstellungen, Fertigungsprozesse mit mehr oder weniger Hilfen sowie nachvollzogene und selbst entwickelte Lösungsentwürfe und technische Experimente. Über das eigene Konstruieren und Herstellen entwickeln Kinder Interesse für technische Funktionen und Zusammenhänge.

Schülerinnen und Schüler können:
– Fertigungsprozesse durchführen (z.B. Fahr- oder Spielzeuge herstellen), indem sie die dafür benötigten Mittel bereit stellen, Fertigungsschritte planen, ihren Arbeitsplatz einrichten, die Planung umsetzen und gegebenenfalls auf Schwierigkeiten reagieren

– technische Lösungen erfinden bzw. nach-erfinden, d.h. einfache technische Problem- bzw. Aufgabenstellungen erfassen, entsprechende Ansätze für Lösungen entwerfen, realisieren und optimieren sowie dabei die zur Verfügung stehenden Mittel und Bedingungen berücksichtigen (z.b. ein Fahrzeug mit guten Rolleigenschaften konstruieren)
– technische Experimente durchführen oder selbst entwickeln bzw. sich an der Entwicklung beteiligen sowie die Ergebnisse der Experimente auswerten (z.b. Tragfähigkeit einer Balkenbrücke mit unterschiedlich hohen Randprofilen überprüfen)

(2) Technik und Arbeit erkunden und analysieren
Technische Gegenstände, Abläufe sowie Arbeit und Berufe begegnen den Kindern in ihrer alltäglichen Umgebung. Häufig jedoch sind Funktionen und Abläufe verdeckt bzw. erschließen sich erst bei aufmerksamer Beobachtung oder Untersuchung. Kinder sollen an einfachen Gegenständen und überschaubaren Abläufen technische Funktionsweisen, den Ablauf von Herstellungsverfahren und Arbeitsprozessen erkunden und verstehen, Einblicke in unterschiedliche Berufsfelder und Arbeitsbedingungen erhalten und Interesse für Technik und die Arbeitswelt entwickeln. Hier sind in besonderem Maße Verknüpfungen zur sozialwissenschaftlichen Perspektive gegeben.
Schülerinnen und Schüler können:
– einfache mechanische Gegenstände (z.B. Luftpumpe, Fahrradklingel, Taschenlampe, Handbohrmaschine, Salatschleuder) untersuchen und ihre Funktionsweisen erkennen (z.B. das Hebelprinzip bei Wippe, Waage, Kran, Hammer, Flaschenöffner; Getriebeübersetzungen beim Fahrrad oder Handquirlgerät; feste und lose Rollen beim Kran oder Flaschenzug)
– technische Funktionen und Herstellungsprozesse vor Ort bzw. anhand von Filmen oder Abbildungen erkunden und analysieren (z.B. Funktionsweisen von Wind- und Wassermühlen, Solaranlagen, Windgeneratoren und Kläranlagen; z.B. die Arbeitsprozesse in einer Schreinerei, Bäckerei oder beim Haus- und Brückenbau)
– technische Entwicklungen und Arbeitsabläufe analysieren und vergleichen (z.B. Vergleich von Handarbeit mit der automatisierten Fertigung bei der Brot- oder Papierherstellung, beim Waschen, Drucken oder Heizen früher und heute; Vergleich von Einzel- und Serienfertigung)

(3) Technik nutzen
Kinder nutzen Technik selbstverständlich in ihrem Alltag. Meist handelt es sich um die Bedienung komplexer technischer Geräte und Prozesse, die kaum einsichtig sind (z.B. Telefon, Computer, Fernsehen). In der Grundschule können sich Kinder im Umgang mit Materialien und Werkzeugen als technisch Wirkende

erleben. Sie lernen, sich bei der Auseinandersetzung mit Technik sachgerecht und sicherheitsgemäß zu verhalten. Zudem soll die Wartung technischer Produkte als wichtige Kompetenz bewusst gemacht und auf Gefahren im Umgang mit technischen Geräten aufmerksam gemacht werden. Schließlich sollen Kinder erkennen, dass die sachgerechte Entsorgung von technischen Gegenständen wiederum technischen Aufwand erfordert.

Schülerinnen und Schüler können:
- Werkzeuge (z.B. Schere, Hammer, Säge, Feile, Raspel, Zange, Handbohrer, Laubsäge), Hilfsmittel (z.B. Schneidlade, Lineal, Geodreieck, Waage) und einfache technische Maschinen sowie Geräte (z.B. Handbohrmaschine, Dekupiersäge) sachgemäß und sicher benutzen sowie mit Materialien (z.B. Holz, Ton, Metall) sachgerecht umgehen
- die Bedeutung der Wartung technischer Produkte erkennen und entsprechende Wartungsarbeiten durchführen (z.B. an der Kette beim Fahrrad)
- Gefahren bei der Nutzung technischer Geräte/ Maschinen einschätzen und sich entsprechend verhalten (z.B. beim Umgang mit Haushaltsgeräten und -maschinen oder bzgl. der Lautstärke bei MP3-Playern)
- die Notwendigkeit für eine sachgerechte Entsorgung technischer Erzeugnisse begründen und Möglichkeiten für eine solche Entsorgung nennen (z.B. Batterien, Computer)

(4) Technik bewerten
Technisches Handeln verfolgt das Ziel, einen angestrebten Zweck zu erreichen. Technische Produkte und Problemlösungen sind deshalb im Hinblick auf den angestrebten Zweck zu beurteilen. Auch Qualität, Ökonomie, Machbarkeit und die Originalität der technischen Lösung sind wichtige Bewertungskriterien für technisches Handeln. Technische Produkte und Problemlösungen wirken zudem auf Mensch und Umwelt ein – durch Veränderung von Lebens- und Arbeitsweisen wie durch Umweltbelastungen. Insofern ist technisches Handeln immer auch vor dem Hintergrund unerwünschter Wirkungen zu bewerten. Kinder können an einfachen, ausgewählten Beispielen erste Kompetenzen im Bewerten des eigenen technischen Handelns wie auch im Bewerten technischer Entwicklungen erwerben. Hier sind im besonderen Maße Bezüge zur sozialwissenschaftlichen Perspektive gegeben.

Schülerinnen und Schüler können:
- technische Problemlösungen im Hinblick auf den technischen Zweck, Materialökonomie und Originalität vergleichen und bewerten (z.B. selbst gebaute Papierflieger, Brücken, Fahrzeuge)

– Veränderungen des Lebens durch veränderte Technik an einem ausgewählten Beispiel (z.B. beim Waschen, Kochen, Heizen, Drucken) beschreiben und Vor- und Nachteile der Veränderung analysieren
– die Bedeutung technischer Entwicklungen und Erfindungen für den Menschen bewerten (z.b. Buchdruck, Brücken, Computer, Fahrzeuge und Flugzeuge, Nachrichtenübermittlung, Papierherstellung, Rad) und ihre – auch ambivalenten – Folgewirkungen für Mensch und Umwelt einschätzen (z.b. Arbeitserleichterung, Informationsweitergabe, Transporterleichterung, aber auch Umweltbelastung durch erhöhten Energiebedarf, Arbeitslosigkeit durch Wegfall von Berufen, wie z.b. beim Setzer)

(5) Technik kommunizieren
Die Kommunikation von Ideen zur Lösung technischer Aufgaben/ Probleme, das Lesen von Arbeitsanweisungen sowie die Dokumentation von Konstruktionsergebnissen, erschlossenen Funktionsweisen, Herstellungsprozessen und Arbeitsabläufen erfordern technikspezifische Kommunikations- und Verarbeitungsformen. Die sprachliche Darstellung allein reicht häufig nicht aus – Demonstrationen, technische Sachzeichnungen sowie deren Beschriftungen ergänzen bzw. ersetzen sie. Kinder lernen an einfachen Beispielen, ihre Ideen sprachlich und zeichnerisch verständlich darzustellen und zu diskutieren, Erfasstes zu beschreiben sowie Ergebnisse zu dokumentieren. Die (noch nicht notwendigerweise technisch genormte) Zeichnung als Mittel der Darstellung wird sowohl in der Phase der Problemlösung als auch bei der Präsentation von Ergebnissen genutzt. Die Entwicklung der Kommunikationsfähigkeit wird gefördert, da sich das Dargestellte auf Handlungen, Erfahrungen und Gegenstände stützen kann.

Schülerinnen und Schüler können:
– Ideen für technische Lösungen, Konstruktionsergebnisse, Funktionszusammenhänge, Herstellungsprozesse sowie Arbeitsabläufe unter Nutzung von Sprache, Zeichnungen oder Demonstrationen verständlich vermitteln, diskutieren und dokumentieren (z.B. durch Skizzen, Sachzeichnungen, Beschreibungen, Abbildungen, Fotos)
– Anleitungen lesen, verstehen und umsetzen sowie einfache Anleitungen selbst verfassen
– zu technischen Gegenständen, Entwicklungen und Erfindungen Informationen recherchieren und die Ergebnisse mitteilen

4.5.3 Perspektivenbezogene Themenbereiche
Die technikbezogenen Themenbereiche beziehen sich auf grundlegende technische Inhaltsfelder, die für Grundschulkinder erschließbar und interessant sind. Die Kinder erwerben Kompetenzen zum stabilen Bauen, zur Funktionsweise von

Werkzeugen, Geräten und einfachen Maschinen, zu den Bereichen Energie, Arbeit und Berufe sowie zu technischen Erfindungen. In der Auseinandersetzung mit den inhaltlichen Themen werden die vorab genannten technischen sowie perspektivenübergreifenden Denk-, Arbeits- und Handlungsweisen erworben. Das praktische Tun spielt eine besondere Rolle, da es den Kindern beim Verstehen der technischen Zusammenhänge hilft.

(1) Stabilität bei technischen Gebilden
Das Erreichen von Stabilität ist eine der Grundaufgaben von Technik. Technische Gebilde müssen so stabil gebaut sein, dass sie den einwirkenden Kräften standhalten. Die Kinder erschließen sich Prinzipien des stabilen Bauens (das Herstellen von Standfestigkeit und Gleichgewicht durch Gegengewichte, das Auffangen von Druck-, Zug- und Schubkräften durch Stützen, Träger, Umformung, Aussteifung) durch das Bauen und Analysieren von technischen Gebilden wie z.B. Mauern, Hütten, Türme, Brücken, Gleichgewichtsspielfiguren, Balkenwaagen, Kräne, Schiffe. In diesem Themenbereich sind in besonderem Maße Verknüpfungen zur naturwissenschaftlichen und zur historischen Perspektive gegeben.

Schülerinnen und Schüler können:
– aus strukturiertem Material (z.B. aus Bauklötzen, Streichholzschachteln, Ziegelsteinen) standfeste Türme und Mauern bauen und beschreiben, wie Standfestigkeit erreicht werden kann
– technische Gebilde (wie z.B. Wippe, Balkenwaage, Mobile oder balancierende Figuren) durch Anbringen von Gewichten ins Gleichgewicht bringen und das entsprechende Prinzip in technischen Gebilden in der Alltagswelt wiedererkennen (z.B. beim Kran)
– Modelle von Brücken (z.B. Balken-, Bogen-, Fachwerk- und Hängebrücken) aus einfachen Materialien herstellen, die Konstruktionsweisen vergleichen und entsprechende Brücken in der Alltagswelt wiedererkennen
– Umformungen (z.B. Winkel-, Zickzack-, U- und Rundprofile, aus Papier/ Pappe bei Brücken, Möbeln, Kugelbahnen) sowie Aussteifungen (z.B. Dreiecksverbindungen bei Türmen, Brücken, Fachwerkhäusern) als Mittel zur Erhöhung der Stabilität einsetzen und in technischen Gebilden der Alltagswelt wiedererkennen

(2) Werkzeuge, Geräte und Maschinen
Die Erfindung und Nutzung von Werkzeugen, Geräten und Maschinen gehört zu den genuinen menschlichen Kulturleistungen. Im Verlaufe der technischen Entwicklung wurden technische Mittel differenziert und optimiert. Diese Entwicklung ist eng mit der Entwicklung von Fertigungstechniken und Berufen verbunden. Kinder sollen nicht nur den sach- und sicherheitsgerechten Umgang

mit Werkzeugen sowie einfachen Geräten und Maschinen erlernen, sondern auch die Funktionsprinzipien sowie die Entwicklung von Werkzeugen und Maschinen kennenlernen. In diesem Themenbereich sind in besonderem Maße Verknüpfungen zur historischen Perspektive gegeben.

Schülerinnen und Schüler können:
– gebräuchliche Werkzeuge benennen, ihre Funktionsweise beschreiben und ihren Einsatzbereich darstellen sowie Werkzeuge verschiedenen Berufen zuordnen (z.b. die Werkzeuge des Zimmermanns, Maurers)
– die Funktionsweise und den Nutzen von Getrieben in Geräten und Maschinen der Alltagswelt (z.B. Brotschneidemaschine, Handbohrmaschine, Handrührgerät, Salatschleuder, Dosenöffner, Fahrrad) analysieren
– Funktionsprinzipien einfach aufgebauter Geräte und Maschinen zur Bewältigung vorgegebener Aufgaben (z.B. Kran mit Seilwinde und Rollen, Sägemaschine, Bleistiftanspitzmaschine, Scheibenwischanlage, durch Wind- oder Wasserkraft angetriebene Getreidemühle) erfinden, realisieren (z.b. unter Nutzung technischer Baukästen), zeichnerisch darstellen und bewerten
– die Entwicklung und Optimierung von Handwerkzeugen (z.B. Hammer, Säge) sowie ihre Weiterentwicklung zu Maschinen (z.B. vom Handbohrer zur elektrischen Bohrmaschine, vom Waschbrett zur Waschmaschine) und die damit verbundenen Veränderungen für Arbeitstätigkeiten nachvollziehen und darstellen

(3) Arbeitsstätten und Berufe
Arbeit in allen ihren Ausprägungen stellt ein zentrales Element menschlichen Lebens dar. Kinder erhalten einen Einblick in diesen Bereich, indem sie die Bedeutung von Arbeit bzw. die Folgen von Arbeitslosigkeit untersuchen und erkunden, wie Menschen zur Wahl ihrer Berufe gelangen und wie der jeweilige Beruf ausgeübt wird, sowie den Charakteristika bzw. Unterschieden von Haus- und Erwerbsarbeit nachgehen. Auch Genderaspekte gilt es zu thematisieren: Wie wird Arbeit zwischen Männern und Frauen aufgeteilt, und was sind die Gründe für diese Aufteilung? Im Vergleich von Berufen und Arbeitsstätten früher und heute wird deutlich, dass diese sich wandeln und dass dieser Wandel durch technische Entwicklungen beeinflusst wird. In diesem Themenbereich sind in besonderem Maße Verknüpfungen zur sozialwissenschaftlichen Perspektive gegeben.

Schülerinnen und Schüler können:
– die Erkundung verschiedener Arbeitsstätten in der Umgebung (z.B. Bäckerei, Feuerwehr, Polizei, Lebensmittelmarkt) und der Schule (z.B. Lehrer, Hausmeister, Sekretär) vorbereiten, Fragen entwickeln, Antworten auswerten und Ergebnisse dokumentieren sowie verschiedene Formen der Arbeit identifizieren und vergleichen (z.B. Vergleich von Produktion und Dienstleistung, von Handarbeit und Maschinenarbeit)

- verschiedene Fertigungsverfahren und Formen der Arbeitsorganisation (Einzel-, Serien- und Massenfertigung) unterscheiden und z.T. selbst praktisch nachvollziehen (z.b. Brötchen selbst herstellen und mit dem Backen in der Bäckerei oder Backwarenfabrik vergleichen)
- typische Arbeitsbereiche von Männern und Frauen vergleichen, Gründe für Unterschiede benennen und Überlegungen anstellen, wie Ungerechtigkeiten überwunden werden können
- Arbeitsstätten und -prozesse in der Hausarbeit sowie in der Erwerbsarbeit früher und heute vergleichen, z.t. selbst praktisch nachvollziehen, nach Ursachen von Veränderungen suchen und Auswirkungen des technischen Wandels auf die Arbeit beschreiben (z.b. Haushaltstätigkeiten wie Waschen und Kochen, Arbeitsstätten wie eine Baustelle, Schreinerei oder Bäckerei analysieren)

(4) Umwandlung und Nutzung von Energie
Die umweltgerechte Versorgung und der bewusste Umgang mit Energie ist eine der zentralen Zukunftsaufgaben. Kinder erschließen sich den Bereich der technischen Nutzung von Energie, indem sie am Beispiel der Elektrizität die Umwandlung von Energie in Licht, Wärme und Bewegung kennenlernen, indem sie Primärenergien voneinander unterscheiden und durch verschiedene Energiearten angetriebene Maschinen selbst bauen bzw. analysieren, dabei regenerative und nicht regenerative Energiequellen und deren Vor- und Nachteile kennenlernen sowie über Möglichkeiten eines sparsamen Umgangs mit Energie nachdenken. In diesem Themenbereich sind in besonderem Maße Verknüpfungen zur naturwissenschaftlichen Perspektive gegeben.

Schülerinnen und Schüler können:
- am Beispiel des elektrischen Stroms die Umwandlung von Energie in Licht, Wärme/ Kälte und Bewegung bewirken (z.B. durch den Bau von Licht- und Wärmeanlagen oder den Bau bzw. die Nutzung eines Elektromotors), entsprechende elektrische Geräte identifizieren und Gefahren im Umgang mit elektrischen Geräten erkennen
- nicht-regenerative (z.B. Kohle, Erdöl, Erdgas) und regenerative (z.B. Wasser, Wind, Sonne, Geothermie, Biomasse) Primärenergien unterscheiden sowie unterschiedliche Antriebe kennenlernen und realisieren (z.B. beim Bauen von Wind- und Wasserrädern oder eines Solarofens)
- einfache Geräte und Maschinen mit unterschiedlichen Antrieben konstruieren (z.B. mit Muskel-, Motor-, Solar-, Wind- oder Wasserkraft)
- sparsam und bewusst mit Energie in Schule und Haushalt umgehen, Energieverschwendung aufspüren und Handlungsalternativen (z.B. beim Heizen, Lüften, Kühlen) verstehen und/ oder entwickeln

(5) Technische Erfindungen
Technik war in Vergangenheit und ist in Zukunft eine Geschichte von Erfindungen. Am Beispiel exemplarischer Erfindungen und ihrer jeweiligen Erfinderinnen und Erfinder sollen deren Bedeutung für das Leben und Arbeiten der Menschen nachvollzogen werden. Technische Erfindungen sollen dabei als menschliche Leistung erkannt und in ihren geschichtlichen und sozialen Kontext eingeordnet werden. Eigenes Erfinden soll zudem bei Schülerinnen und Schülern dazu beitragen, ein Bewusstsein der eigenen technischen Fähigkeiten zu entwickeln. In diesem Themenbereich sind in besonderem Maße Verknüpfungen zur historischen Perspektive gegeben.

Schülerinnen und Schüler können:
– eigene Erfindungen planen, zeichnen, bauen, optimieren, bewerten und darstellen (z.B. im Rahmen einer Erfinderwerkstatt)
– wichtige technische Erfindungen (z.B. Rad, Papier, Buchdruck, Fahrrad, Telefon, Glühlampe, Auto, Scheibenwischer, Computer) nachvollziehen und in ihrer Bedeutung für die Menschen erfassen sowie Erfinder und ihre Erfindungen an ausgewählten Beispielen darstellen
– Auswirkungen von Erfindungen auf das Leben und Arbeiten der Menschen in der jeweiligen Zeit erkennen und bewerten (z.B. bzgl. erwünschter und nicht erwünschter Auswirkungen) sowie die kulturelle Leistung von Erfindungen für unser Leben würdigen

5 Perspektivenvernetzende Themenbereiche

Die perspektivenbezogenen Denk-, Arbeits- und Handlungsweisen stehen gemeinsam mit den perspektivenbezogenen Themenbereichen im Zentrum dieses Perspektivrahmens; sie ermöglichen ein solides, gesichertes und anschlussfähiges sachunterrichtliches Lernen. Die zentrale Idee des Sachunterrichts geht jedoch über diese einzelnen Perspektiven hinaus und manifestiert sich in der Verbindung dieser Perspektiven zu perspektivenvernetzenden Themenbereichen. Exemplarisch werden in diesem Kapitel vier Beispiele solcher Vernetzungen aufgezeigt. Dies geschieht in einem eigenen Kapitel, um die Bedeutsamkeit aufzuzeigen.
In einer groben Unterscheidung sind solche Vernetzungen in zweierlei Hinsicht möglich. Zum einen gibt es Themen und Fragestellungen, die von sich aus ohne eine Vernetzung der Erkenntnisse aus verschiedenen Perspektiven nicht sinnvoll bearbeitbar sind. Besonders markante Beispiele dafür sind die hier ausgearbeiteten Themenbereiche Mobilität, Gesundheit, Nachhaltige Entwicklung oder Medien. Zum anderen ist es häufig aber auch möglich, sinnvoll und wichtig, Inhalte, die ihren Fokus zunächst klar in einer Perspektive haben, gezielt auszuweiten, um eine

Verengung zu vermeiden und die Sache weiter zu klären. Beispiele hierfür wären Lebensräume wie der Wald oder die Wiese, die Beschäftigung mit Zeit oder mit Konsumgewohnheiten, Fragen der Mitwirkung in der Gesellschaft, Arbeit und Lebensweisen von Menschen oder technische Erfindungen und Entwicklungen. Es ist nicht möglich, im Rahmen dieses Perspektivrahmens die potenziell sinnvollen Vernetzungen umfassend aufzulisten oder gar mit Kompetenzformulierungen auszuarbeiten. Wir haben uns daher für ein exemplarisches Vorgehen entschieden. Einige – in der unterrichtspraktischen und wissenschaftlichen Auseinandersetzung gleichermaßen zentrale – Themenbereiche werden hier dargestellt. Dabei werden die Bedeutung und das Potenzial des jeweiligen Themenbereichs für das Lernen der Kinder dargelegt, und es werden Kompetenzen im Rahmen des Sachunterrichts aufgeführt. In der Beschreibung des Bildungspotenzials wird zudem die erforderliche Vernetzung der Perspektiven für den jeweiligen Themenbereich gezeigt.
Die Kompetenzen der hier dargestellten perspektivenübergreifenden Themenbereiche sind eigens ausformuliert – sie korrespondieren jedoch mit Kompetenzen, die bei den perspektivenbezogenen Denk-, Arbeits- und Handlungsweisen und Themenbereiche formuliert sind.

5.1 Mobilität

5.1.1 Zum Bildungspotenzial
Mobilität bedeutet die Möglichkeit der Ortsveränderung im Sinne von Beweglichkeit und Bewegung. Orte können dabei (real-)räumlich, sozial, organisatorisch aber auch virtuell (z.B. in elektronischen Medien) verstanden werden. Mobil sein bedeutet für Kinder und Erwachsene, am privaten und öffentlichen Leben teilnehmen zu können und soziale Kontakte zu pflegen. Mobilität betrifft damit zentrale Grundbedürfnisse von Menschen. Mobilität ist per se weder gut noch schlecht. Sie ist jedoch eine Voraussetzung für soziale Teilhabe und eine wirtschaftliche Grundkomponente – ohne Mobilität wären Menschen, Tiere und Waren an einen Ort gebunden, Entfaltungspotenziale würden dann fehlen.
Durch die Art und Weise unserer Mobilität, besonders durch den motorisierten Individualverkehr sowie durch den massenhaften Transport von Waren und die Übermittlung von Meldungen und Nachrichten (Daten- und Nachrichtenverkehr) entstehen allerdings auch zahlreiche Probleme, die verschiedene Bereiche menschlichen Lebens betreffen. Unter anderem geht es dabei um den Verbrauch von endlichen Ressourcen, um Umweltbelastungen, um Unfälle und um Gesundheitsbeeinträchtigungen. Ziel der Mobilitätsbildung ist es daher, Mobilität als lokales (zunehmend dann auch als globales) System zu erschließen, sich darin zu orientieren, über die Bedingungen alltäglich erlebter Mobilitätswirklichkeit nach-

zudenken, Auswirkungen und Folgen von Mobilität auf Umwelt und Gesundheit kennen zu lernen, daraus Folgerungen für das eigene Verhalten zu ziehen und an gesellschaftlichen Problemlösungen mitzuwirken.

Da die Kinder in ihrer Entwicklung im Grundschulalter vor allem mit den Bedürfnissen und Auswirkungen der Mobilität zwischen verschiedenen Orten konfrontiert sind, stehen diese Aspekte von Mobilität im Mittelpunkt des Sachunterrichts. Die Schulumgebung, das Wohnumfeld und der Weg zur Schule stellen für die Kinder den Bereich dar, in dem sie sowohl selbst mobil sind bzw. mobil werden können, in dem sie aber auch mit den verschiedensten Auswirkungen von Mobilität und Verkehrsmitteln konfrontiert werden. Dazu zählen u.a. Verkehrsführung, Gestaltung des Straßenraums, Verkehrsaufkommen, ausreichende oder wenige Grünflächen und Spielplätze, Lärm, Unfallgefahren, Wohlfühl- und Angstorte, Fahrradwege, Bus- und Bahnangebote, die Siedlungsstruktur, Freizeit- und Einkaufsmöglichkeiten u.v.m. Diese Aspekte können im Rahmen der Mobilitätsbildung untersucht werden.

Kinder werden im Laufe ihrer Entwicklung zunehmend mobiler, sie können sich Räume selbstständiger erschließen und Wege selbstbestimmter zurücklegen. Wenn Kinder selbstständig mobil werden, sind sie in der Regel zunächst umwelt- und gesundheitsfreundlich zu Fuß oder später mit dem Rad unterwegs. Erweitert sich ihr Mobilitätsradius, können Bus und Bahn hinzukommen. In vielen Lebensbereichen werden sie allerdings, in Abhängigkeit von ihren Eltern, als Mitfahrer im Auto transportiert. Eine kritische Auseinandersetzung mit den verschiedenen Verkehrsmitteln, mit vergangenen, bestehenden und zukünftigen Verkehrssystemen ist ein zentraler Aspekt von Mobilitätsbildung. Ziel ist es, eine selbstständige, reflektierte, umwelt- und verantwortungsbewusste Wahl der benutzten Verkehrsmittel zu treffen sowie, in Bezug auf Mobilität im Kontext der Bildung für nachhaltige Entwicklung, an gesellschaftlichen Problemlösungen im eigenen Wohn- und Schulumfeld mitzuwirken.

5.1.2 Kompetenzbeschreibungen
Schülerinnen und Schüler können:
– selbstständig und unter Beachtung von Verkehrsregeln Wege im Wohn- und Schulumfeld – je nach räumlichen Voraussetzungen auch ihren Schulweg – sicher zurücklegen (als Fußgänger, mit dem Fahrrad oder dem Roller) und dabei sichere und unsichere Stellen benennen
– öffentliche Verkehrsmittel nutzen und sich selbstständig dazu orientieren (z.B. Fahrpläne lesen, Verbindungen finden, Liniennetzpläne verstehen, Preise für Fahrkarten recherchieren)
– ihre Wohn- und die Schulumgebung bzw. ihren Wohnort unter verschiedenen Blickwinkeln erkunden (z.B. Verkehrsinfrastruktur, Verkehrssicherheit, Natur im Stadtteil, Flächenverbrauch, Spielmöglichkeiten, Angstorte usw.) und die

Ergebnisse der Erkundungen (z.B. mit Hilfe von Kartenskizzen und subjektiven Karten) dokumentieren
- über Gefühle, Probleme, Absichten und Verhaltensweisen von sich und anderen bei der Verkehrsteilnahme reflektieren und daraus Rückschlüsse ziehen
- sich mit Hilfe von Medien und durch Befragen von Experten über Vor- und Nachteile verschiedener Verkehrsmittel informieren
- untersuchen, wie Menschen und Waren unterwegs (mobil) sind (z.b. durch Verkehrszählungen, Auswerten von Statistiken, Führen eines Mobilitätstagebuches, Befragungen von Erwachsenen nach Mobilitätsmustern oder Reisezielen)
- verschiedene Mobilitätszwecke, -zwänge und -bedürfnisse unterscheiden (z.b. Alltags- und Freizeitwege, Reisen, Flucht, Warentransport)
- zwischen verschiedenen Verkehrsmitteln unterscheiden, die Vor- und Nachteile in Bezug auf Alltagsnutzen, Umwelt, Klima und Gesundheit benennen und eine begründete Wahl treffen, wann welches Verkehrsmittel zu welchem Zweck für die eigene Mobilität geeignet ist
- vergleichen, wie Menschen, Waren und Nachrichten früher unterwegs waren, wie sie es heute sind und Ideen entwerfen, wie sie in der Zukunft unterwegs sein werden, und welche Veränderungen dies mit sich bringt
- sich in kleinen Projekten an Veränderungen und Verbesserungen im Straßenverkehr und Wohnumfeld einbringen und grundlegende Formen der Partizipation kennen lernen (z.b. Verkehrsführung im Schulbezirk, Verbesserung von Ampelschaltungen, Spielplatz- und Schulhofgestaltung, kinderfreundlicher Umbau von Wohnquartieren, Tempo 30, Beteiligung an Kinder- und Jugendparlamenten)
- an Beispielen in der eigenen Umgebung erkunden, beschreiben, vergleichen und darlegen, wie Tiere sich bewegen bzw. unterwegs sind, und welche Möglichkeiten und Gefahren für sie dabei bestehen
- technische Aspekte der Mobilität (z.B. Antriebstechniken, Bremssysteme, Beleuchtungssysteme) untersuchen, beschreiben und vergleichen
- das eigene Fahrrad motorisch beherrschen sowie kleine Reparaturen und Grundlagen der Fahrradpflege ausführen

5.2 Nachhaltige Entwicklung

5.2.1 Zum Bildungspotenzial
Die Zunahme der Weltbevölkerung, der zunehmende Ge- und Verbrauch von natürlichen Ressourcen, die sich stark entwickelnde Vernetzung und Globalisierung im wirtschaftlichen Bereich, die stark wachsende Mobilität und die Entwicklung der Kommunikationstechnologien haben insbesondere in der zweiten Hälfte des 20. Jahrhunderts zu weitreichenden Veränderungen, Belastungen und Gefährdungen der Natur geführt. Von den Entwicklungen mitbetroffen sind in starkem

Maße auch kulturelle und soziale Bereiche. Der ungleiche Zugang von Menschen zu Ressourcen sowie die Ungleichheiten (Disparitäten) der Lebensbedingungen und -gestaltungsmöglichkeiten haben sich weltweit zunehmend verschärft. Es zeigen sich drei große Probleme und Herausforderungen für die aktuelle und künftige Situation auf der Erde – auf lokaler und globaler Ebene:
– die Erhaltung von Ökosystemen, Ressourcen und ihrer Regenerierbarkeit im Sinne nachhaltiger Entwicklung, die die Lebensgrundlagen künftiger Generationen sichern
– der Umgang mit den wachsenden Ansprüchen der Menschen (Bevölkerungsentwicklung, erweiterte Bedürfnisse und Wohlstandsentwicklung) unter den Bedingungen der Begrenztheit von Ressourcen
– der Umgang mit den kulturellen Ungleichheiten in der Inanspruchnahme und Verteilung von Ressourcen, insbesondere mit den Problemen der Verteilungsgerechtigkeit und Armut

Das Leitbild der nachhaltigen Entwicklung bezieht sich auf die Vision einer (Welt-)Gesellschaft, die in ökologischer und sozialer Verantwortung lebt und wirtschaftet. Zentrale Aspekte dazu wurden 1992 in der Agenda 21 beschrieben: Soziale Gerechtigkeit, Solidarität zwischen den unterschiedlichen Bevölkerungsgruppen der Erde und den Generationen, ökologische Verträglichkeit der Produktion und des Konsums, langfristige Ressourcenschonung und gleichzeitig wirtschaftliche Prosperität, die möglichst vielen Menschen sichere Lebensgrundlagen ermöglicht. Dahinter steht die Verantwortung für die Zukunft mit dem Ziel, das Wohlergehen aller gegenwärtig und in Zukunft lebenden Menschen zu gewährleisten.
In Übereinstimmung mit diesem Leitbild steht die Zielsetzung von Bildung für nachhaltige Entwicklung im Kontext sachunterrichtlichen Lernens: Schülerinnen und Schüler sollen zur aktiven Mitgestaltung einer an den Prinzipien der ökologischen Verträglichkeit, wirtschaftlichen Leistungsfähigkeit und sozialen Gerechtigkeit orientierten Gesellschaft befähigt werden. Dabei sollen sie auch für globale Aspekte, demokratische Grundprinzipien und kulturelle Vielfalt aufgeschlossen werden. Dieses Lernen erfordert:
– das Wahrnehmen, Erkennen und Beurteilen von Erscheinungen, Situationen, Prozessen und (komplexen) Zusammenhängen in unserer natürlichen, wirtschaftlichen, sozialen und kulturellen Umwelt
– das Erschließen, Einordnen und Reflektieren eigener Beziehungen, Verknüpfungen, Abhängigkeiten und Handlungsweisen
– das Mitwirken bei der künftigen Gestaltung und das persönliche Engagement für eine nachhaltige (Welt-)Gesellschaft

Das setzt die Bereitschaft voraus, sich bei aller Unsicherheit aktiv mit Fragen der Zukunft und der eigenen Lebensgestaltung auseinanderzusetzen. Es geht um Lebensentwürfe und Lebensstile und um die Reichweite von Entscheidungen für die Natur, für andere Menschen und für gemeinschaftlich genutzte Ressourcen. Aus diesem Orientierungsbedarf hat sich im Kontext von Bildung für nachhaltige Entwicklung das Leitziel „Gestaltungskompetenz" entwickelt, welches insbesondere das Denken in Zusammenhängen, das vorausschauende Denken, eine kritisch-reflexive Urteils- und Diskursfähigkeit sowie Handeln und Partizipation fokussiert.

Kinder im Grundschulalter haben bereits in vielfältiger Hinsicht Erfahrungen und Bezugspunkte zu Veränderungen und Gefährdungen in der Natur, zu Fragen der unterschiedlichen Lebensweisen und -verhältnissen von Menschen in der Nähe und Ferne, zum Umgang mit Gütern, zum Konsumieren u.a. Lernen in der Thematik einer nachhaltigen Entwicklung geht daher immer von Erfahrungen und Situationen in Kontexten des eigenen Lebens und des Lebens in Gemeinschaft und Gesellschaft aus. Es stellt sich für die Schülerinnen und Schüler somit die Frage, wie sie das Leben mit der Natur und das Zusammenleben der Menschen aktiv mitgestalten können (in der Klasse und Schule, im Rahmen von Vorhaben, Aktionen, Projekten mit der Schule oder auch mit Kinder- und Jugendgruppen und in der Kommune). Zugleich hat Nachhaltigkeit eine globale Dimension. Es sind Fragen von Verflechtungen zwischen Menschen und ihrer natürlichen Umwelt, ihren Bezugssystemen und Entscheidungen sowie den Beziehungen der Menschen untereinander zu stellen und zu bearbeiten. Damit spielen Fragen und Perspektiven der Werteorientierung, der Konzeptionen und Visionen von Zukunft und Gerechtigkeit eine wichtige Rolle.

Zum übergreifenden Themenbereich „Nachhaltige Entwicklung" im Sachunterricht stehen insbesondere folgende inhaltlichen Bezugspunkte und Aspekte im Vordergrund:
– Wasser, Luft, Boden, Energie u.a. sowie der schonende Umgang damit
– Rohstoffe und ihre Verarbeitungen zu Gebrauchsgegenständen sowie die Frage von Abfall und Wiederverwertung
– Konsum, Konsumverhalten und -entscheidungen
– Unterschiedliche Lebensweisen und Lebensbedingungen von Menschen, Ungleichheiten und Ungerechtigkeiten
– Veränderungen von Lebensräumen und die Folgen für Tiere, Pflanzen und Menschen

Dabei ergeben sich vielfältige Bezugspunkte zu anderen perspektivenvernetzenden Themenbereichen wie z.B. Mobilität und Gesundheit sowie zu den Denk-,

Arbeits- und Handlungsweisen und den Themenbereichen der fünf Perspektiven des Sachunterrichts.

Fragen zur Nachhaltigen Entwicklung erfordern in hohem Maße die Fähigkeit zu evaluieren, zu reflektieren und zu bewerten. Was in der Gesellschaft aus unterschiedlichen Perspektiven betrachtet und kontrovers diskutiert wird, muss auch im Unterricht entsprechend offen und unter Berücksichtigung verschiedener Sichtweisen und Meinungen (mit Bezug zu den Menschenrechten) aufgenommen werden. Von der Ausrichtung her ist die Förderung einer offenen, sachlich-fundierten, kritischen und reflexiven Betrachtung und Auseinandersetzung, entsprechend der Erschließungs-, Orientierungs- und Handlungsmöglichkeiten der Schülerinnen und Schüler, bereits in der Grundschule bedeutsam. Mit Bezug auf den Unterricht in der Grundschule ist dabei ein sorgfältiger Umgang angezeigt, um jegliche Überwältigung (z.B. in Form von Katastrophenszenarien) oder Indoktrination der Schülerinnen und Schüler zu vermeiden oder sie an der Entwicklung eigener Einschätzungen und Urteile zu hindern.

5.2.2 Kompetenzbeschreibungen
Schülerinnen und Schüler können:
(Situationen, Beziehungen, Verknüpfungen, Bedürfnisse, Handlungsweisen wahrnehmen und erkennen)
– zu überschaubaren Erscheinungen, Situationen, Handlungsweisen in ihrem eigenen Umfeld (z.B. am eigenen Wohnort, zum Einkaufen, zur Freizeitgestaltung, zum Zusammenarbeiten in der Klasse) Objekte, Akteurinnen und Akteure, Beziehungen, Prozesse und Veränderungen erfassen und beschreiben
– an Beispielen aus ihrem eigenen Alltag (z.B. Trinkwasser, Nahrungsmittel, Kleider, Spielzeuge) beschreiben und kommentieren, wie wir abhängig sind von unserer Umwelt, von Arbeiten und Dienstleistungen von Menschen in der Nähe und Ferne
– Erfahrungen zum Ausdruck bringen und Vermutungen äußern, welche Auswirkungen das eigene Handeln und das Handeln von Personen im engeren Umfeld (Freunde, Familie, Bekannte) auf die natürliche Umwelt und auf die Lebenssituation anderer Menschen haben

(Informationen erschließen, Fragen klären, sich orientieren)
– zu Informationen aus der Berichterstattung in Medien Fragen stellen, selbstständig dazu Informationen gewinnen und eigene Sichtweisen dazu begründet darstellen (z.B. zu Naturereignissen, zu Berichten über Menschen in (umwelt-) gefährdeten Gebieten, zu Konflikten zwischen Bevölkerungsgruppen, zu wirtschaftlichen Themen)

- sich zu ausgewählten Fragen und Themen (z.B. Wasser und Wasserverbrauch, Energienutzung für verschiedene Tätigkeiten, Abfall und Abfallentsorgung/ -verwertung/ -vermeidung, Produktketten/ -zyklen) informieren, Daten und Informationen verarbeiten und dokumentieren sowie daraus begründet Stellung beziehen und ggf. Folgerungen für das eigene Handeln ziehen

(über Sachen und Situationen, Handlungsweisen nachdenken, sich in Situationen hineindenken und „versetzen")
- über unterschiedliche Lebensweisen und -situationen (z.b. Wünsche, Bedürfnisse und die Möglichkeit, sie zu erfüllen) von Menschen nachdenken, im Austausch mit anderen Fragen dazu stellen und sich positionieren
- ausgehend von eigenen Erfahrungen den Umgang mit natürlichen Ressourcen, Pflanzen und Tieren erkennen, beschreiben und einschätzen und dabei eigene Handlungsweisen reflektieren
- Gedanken und Vorstellungen äußern und austauschen, was Menschen in anderen Lebenssituationen (z.b. ältere Menschen, Menschen in anderen Gebieten der Erde, Menschen, die von Naturereignissen betroffen sind) beschäftigt und betrifft, und wie andere Menschen sich ihren Alltag gestalten und Situationen bewältigen
- Fragen der eigenen Verbundenheit, der Achtsamkeit, Sorgfalt und Wertschätzung gegenüber der Natur und den Mitmenschen in der Nähe und Ferne besprechen und bewerten

(vorausschauend denken, sich mit Perspektiven und Entwicklungen beschäftigen)
- Ideen und Perspektiven für das Wohnen, das Arbeiten, die Freizeitgestaltung, die Gesundheit, die Mobilität, das Zusammenleben mit anderen in Zukunft entwickeln, dazu eigene Handlungsweisen reflektieren und im Hinblick auf eigene Gestaltungsmöglichkeiten erörtern
- Fragen zu Gerechtigkeit (verstanden auch als Fairness im Umgang mit natürlichen Grundlagen, mit unterschiedlichen Formen der Lebensgestaltung und von Lebenssituationen von Menschen, Rechten von Menschen – insbesondere auch von Kindern – sowie zur Solidarität mit Menschen in anderen Lebenssituation) stellen, diesen nachgehen, Vorstellungen und Gedanken dazu austauschen und Handlungsmöglichkeiten für sich selbst und in der Zusammenarbeit und im Zusammengehen mit anderen entwickeln

(mitgestalten, mitwirken, teilhaben)
- an exemplarischen Vorhaben und Projekten der Klasse oder der Schule (z.B. ein Naturschutzprojekt, eine Aktion zur Verbesserung der Lebenssituation von Kindern in anderen Gebieten der Erde) zur Ideenentwicklung beitragen, an

Entscheidungsprozessen sowie bei der Umsetzung mitwirken und dabei Aufgaben eigenständig übernehmen
- an Beispielen aus ihrer Erfahrungs- und Alltagswelt Einblick nehmen in Entscheidungsprozesse (z.b. politischer und ökonomischer Art), die Auswirkung auf die Umwelt und auf Menschen haben; dabei erkennen, wer diese Prozesse wie beeinflusst und steuert (politische Entscheidungsprozesse z.b. in der Kommune) und Möglichkeiten für die eigene Mitwirkung und -gestaltung nutzen

5.3 Gesundheit und Gesundheitsprophylaxe

5.3.1 Zum Bildungspotenzial

Gesundheit ist die Fähigkeit eines Menschen, ein Gleichgewicht zwischen den Abwehrmechanismen und Potenzialen des Organismus und der Psyche (den vorhandenen Ressourcen) und den krankmachenden Einflüssen der natürlichen und sozialen Umwelt zu erhalten bzw. immer wieder herstellen zu können. Gesundheit gilt zu Recht als Grundbedingung und als ein zentrales Element eines guten und erfüllten Lebens, sie ist jedoch kein selbstverständliches Gut. Zunehmend leiden auch Kinder unter Gesundheitsproblemen; gewachsen sind in den letzten Jahr(zehnt)en insbesondere das Auftreten von psychischen Problemen, von Übergewicht und Allergien. Diese sind zu einem großen Teil durch eine Lebensweise bedingt (Über- bzw. Fehlernährung, Bewegungsmangel, Reizüberflutung bzw. ein unausgewogenes Verhältnis von Anspannung und Entspannung), die nicht unseren natürlichen körperlichen Bedürfnissen entspricht. Hinzu kommt, dass tradierte Werte und Normen (auch) hinsichtlich gesundheitsbezogenen Verhaltens an Bedeutung verlieren, dafür aber die Pluralität an Lebensweisen sowie das eigenverantwortliche Handeln an Bedeutung gewinnen. Erforderlich – auch mit Blick darauf, dass das Verhalten im Kindes- und Jugendalter Auswirkungen auf die Gesundheit im Erwachsenenalter hat – ist daher eine Gesundheitsbildung, die auf die Stärkung der Persönlichkeit gerichtet ist und Kindern aktives, gesundheitsbewusstes und gesundheitsförderliches Handeln ermöglicht. Kinder müssen lernen, gesundheitsförderliche Verhaltens- und Handlungsweisen zu verstärken und gesundheitsgefährdende zu meiden. Bezugspunkte gesundheitsförderlichen Handelns sind Umweltbedingungen (Exposition), innere individuelle Bedingungen (Disposition) sowie der aktuelle physische und psychische Zustand des Menschen (Konstitution), welche alle durch eine aktive gesundheitsförderliche Lebensweise positiv beeinflusst werden können.

Im Unterricht geht es vor allem darum, Einsichten in die Bedingungen und Möglichkeiten von Gesundheit zu vermitteln (Gesundheitswissen), zum gesundheitsfördernden Handeln zu motivieren (Gesundheitsmotivation), methodische Entscheidungshilfen für widersprüchliche und belastende Lebenssituationen an-

zubieten sowie entsprechende Handlungs- und Verhaltensweisen einzuüben (Gesundheitsverhalten).
Damit sind auch Aspekte der Sucht- und Drogenprävention Teil der Gesundheitserziehung, wobei hier in besonderer Art und Weise naturwissenschaftliche Fragen (wie z.B. abhängig machende Substanzen) und sozialwissenschaftliche Themen (wie z.B. Gruppendruck und Hilfemöglichkeiten) zu verbinden sind. Gleiches gilt für die Sexualerziehung, in der das Geschlecht als biotische und als soziokulturelle Kategorie zu thematisieren ist. Daneben stehen für die Grundschule mit Bezug zu Fragen der Gesundheit und Gesundheitsprophylaxe insbesondere folgende „Themenfelder" im Vordergrund:
– Lebens-, Nahrungsmittel und Ernährung (insbesondere Elemente einer ausgewogenen Ernährung; Esskultur)
– Bewegung (Bewegungsapparat, Bedeutung der Bewegung mit Blick auf Gesundheitsprävention)
– Hygiene und Infektion (Ursachen und Folgen von Infektionskrankheiten sowie Möglichkeiten zur Vermeidung von Ansteckung)
– Zahngesundheit (Aufbau des Zahnes, Pflege des Zahnapparats)
– Psychohygiene (Verhältnis zwischen psychischer und körperlicher Anspannung und Entspannung; Umgang mit Stress, Ärger, Angst, Kummer)

5.3.2 Kompetenzbeschreibungen
Schülerinnen und Schüler können:
– zentrale Aspekte von Gesundheit (wie z.B. Ernährung, Bewegung, Infektion, Psychohygiene, Unfallprävention) wahrnehmen, erfassen und beschreiben, wie Faktoren der Disposition, Exposition und Konstitution sich auf die Gesundheit auswirken und wie diese durch gesundheitsförderliches Handeln und Verhalten gefördert werden kann
– Maßnahmen gesundheitsförderlichen Verhaltens (wie z.B. Zahnpflege, Vermeiden von einseitigen Belastungen, Umgang mit Stress, Angst und Kummer) mit Blick auf das eigene Leben und das der Mitmenschen beschreiben, bewerten und entsprechend anwenden
– einfache Erste-Hilfe-Maßnahmen beschreiben und anwenden (Unfallmeldung, Hilfsmaßnahmen)
– Merkmale einer ausgewogenen Ernährung (Konzept der optimierten Mischkost) beschreiben, Ernährungsverhalten mit Hilfe eines Ernährungsprotokolls untersuchen, Formen von Fehlernährung erkennen (Nahrungsmittel: z.B. anhand des Anteils von Gemüse und Obst, Fett, Zucker, Salz; Ernährungsverhalten: z.B. anhand der Anlässe, Zeiten und Mengen der Nahrungsaufnahme) und Alternativen einer gesundheitsfördernden Ernährung suchen und anwenden (z.B. neue Geschmackserfahrungen, Erstellung eines Rezeptbuchs)

- die gesundheitsförderliche Wirkung von Bewegung und Sport hinsichtlich des physischen, psychischen und sozialen Wohlbefindens erkennen und beschreiben
- Möglichkeiten der Gestaltung eines bewegungsfreundlichen Alltags in Freizeit und Schule erkunden, dokumentieren und beschreiben sowie im Unterricht praktizieren (z.b. richtiges Sitzen, Tragen, Heben)
- verschiedene Formen der Hygiene (Körper- und Zahnhygiene) als gesundheitsförderliche Maßnahme erkennen, beschreiben, begründen und anwenden
- Präventionsmaßnahmen hinsichtlich von Infektionskrankheiten (z.b. Hygiene, Impfung, Stärkung des Immunsystems durch gesunde Lebensweise) beschreiben und begründen
- Möglichkeiten der Beeinträchtigung psychischen Wohlbefindens (wie Stress, Angst und Frustration) erkennen und beschreiben sowie Maßnahmen zum Umgehen damit (z.b. Problemlösung, emotionale Regulierung) beschreiben und elementar anwenden (z.b. einfache Entspannungsmaßnahmen)
- die Bedeutung sozialer Faktoren für die Gesundheit (Freunde, Freude, soziale Bindungen) wahrnehmen, erkennen und beschreiben
- Emotionen mitteilen und bei anderen wahrnehmen
- Formen der Abhängigkeit/ Sucht (z.B. Ess-, Fernseh-, Spielsucht) und ihre Ursachen (psychische und soziale Belastungen), Wirkungen von Drogen (z.B. Alkohol, Nikotin, Psychopharmaka) und suchtbegünstigende bzw. präventive Faktoren erkennen und beschreiben
- Merkmale der Sexualität (und der Pubertät) des Menschen in körperlicher (insbesondere Unterschiede und körperliche Entwicklung von Frauen und Männern, Mädchen und Jungen, Fortpflanzung des Menschen – Zeugung, Schwangerschaft, Geburt), psychischer (wie Selbst- und Fremdwahrnehmung, verschiedene sexuelle Orientierungen) und sozialer Hinsicht (wie Rollenverhalten, -erwartungen und -klischees) wahrnehmen, erfassen und beschreiben
- geschlechtsspezifisches Rollenverhalten sowie die Darstellung von Geschlechterrollen in Medien und Werbung vergleichen, unter Berücksichtigung der biologischen Gemeinsamkeiten und Unterschiede von Mädchen und Jungen beschreiben sowie erkennen, dass Geschlechterrollen individuell und kulturell verschieden ausgelebt werden
- Merkmale sexueller Selbstbestimmung beschreiben (z.B. über den eigenen Körper selbst bestimmen) sowie angenehme und unangenehme Berührungen unterscheiden und darauf bezogene Wünsche ausdrücken
- Bedingungen sexueller Gewalt sowie Formen der Prävention beschreiben und Hilfemöglichkeiten benennen

5.4 Medien

5.4.1 Zum Bildungspotenzial

Kinder sind im Normalfall alltäglich und bereits vor der Schule mit der Vielfalt an aktuellen Medien konfrontiert und nutzen diese selbstverständlich zur Information oder Kommunikation. Dies gilt für Medien, die die aktuelle Lehrergeneration ebenfalls genutzt hat, wie Fernsehen, Zeitung/ Zeitschriften oder das Telefon genauso wie für digitale Medien, die die klassischen Szenarien zunehmend ergänzen und neue Formen der Kommunikation möglich machen (z.B. im Web 2.0, den sozialen Netzwerken etc.). Informations- und Kommunikationstechnologien (IKT bzw. ICT) durchdringen und prägen zunehmend weite Bereiche des gesellschaftlichen Lebens – eine Entwicklung, die auch in der Alltagswelt von Grundschulkindern zunehmend erfahrbar wird. Medien verändern in diesem Sinne auch immer bisherige Kommunikationsformen und ergänzen die Möglichkeiten, sich zu verabreden, sich zu treffen oder an gemeinsamen Projekten zu arbeiten. Der Einfluss von Medien ist daher auch seit jeher Thema sachunterrichtlichen Lernens z.B. bei sozialwissenschaftlichen Themenbereichen oder perspektivenübergreifend als Form des Austausches und der Informationsgewinnung.

Ziel der Medienerziehung ist eine erweiterte Medienkompetenz, und die Vermittlung von Kompetenzen über Medien wird in den Mittelpunkt der medialen Auseinandersetzung im Sachunterricht gerückt. Damit ist der Aufbau von entwicklungsangemessenen Kompetenzen im Umgang mit Medien in unterrichtlichen und außerunterrichtlichen Lernszenarien, die zu einer reflektierten Auswahl und einem angemessenen Umgang mit verschiedenen Medien führen, zentral. Die gezielte Reflexion über das zu nutzende Medium und seine Wirkungen auf die Lebenswelt sowie auf die sozialen und wirtschaftlichen Bedingungen sind wichtige Elemente der Medienerziehung. Gleichzeitig stellt dies die Schule vor die Aufgabe, einen sachbezogenen, bewussten und reflektierten Umgang mit der Vielfalt und Komplexität der Medien und der Medienlandschaft insgesamt zu fördern und mediengestützte Bildungsprozesse professionell zu begleiten.

Damit betrifft das Kernanliegen des Sachunterrichts – die natürliche, soziale und technische Umwelt zu erschließen – auch den Aspekt der medialen Erschließung. Medien, und hier insbesondere die digitale Realität, wirken in soziale, kulturelle, politische und damit gesellschaftliche Prozesse und können ökologische und gesundheitliche Folgen haben. Der kompetente und kritische Umgang mit Medien – „alt" wie „neu" – ist demnach für die lebensweltliche Erschließung und Partizipation erforderlich.

Kinder werden im Laufe ihrer Entwicklung immer sicherer in der Anwendung verschiedener Medien in diversen Teilgebieten und nutzen diese in ihrem Alltag, z.B. Fahrkartenautomaten, das Smartphone für die Busverbindung, aber auch die

Fahrpläne an Haltestellen, das Telefon für Verabredungen und Soziale Netzwerke für private oder politische Meinungsbildung. Eine kritische Auseinandersetzung mit den eigenen Daten und deren Speicherung ist dabei von grundlegender Bedeutung – auch für den verantwortungsbewussten Umgang mit sensiblen Daten.

Auch wenn Kinder, im Gegensatz zu früheren Generationen, als „Digital Natives" mit digitalen Medien aufwachsen, müssen sie die Potenziale der modernen Informations- und Kommunikationstechnologien – etwa durch die zunehmende Bedeutung internetgestützter Informations- und Kommunikationsangebote, wie soziale Netzwerke – wahrnehmen und Risiken, z.B. in den Bereichen Umgang mit persönlichen Daten, Jugendschutz, Urheberrecht, Manipulation, Sucht oder auch elektromagnetische Strahlung, bewerten können.

Die Nutzung von Medien beeinflusst zudem zunehmend die Ressourcen des Planeten Erde, da diese an wertvolle und seltene Rohstoffe gebunden ist: Erforderlich sind v.a. Zellstoff, die Produktion und der Transport von Holz, Energie für Online-Datenforen oder Metalle und Seltene Erden für die Medien bzw. Geräte, die diese Nutzungen ermöglichen. Das Aufgabenfeld Medien beinhaltet somit vielfältige Aspekte, die in verschiedene Perspektiven und perspektivenübergreifende Bereiche des Sachunterricht reichen bzw. aus denen heraus das Thema Medien immer wieder aufgegriffen und bearbeitet werden kann. Aus den genannten Herausforderungen mit Medien im Alltag der Kinder stehen folgende Tätigkeiten der Schülerinnen und Schüler im Fokus:
– Medien und ihre Wirkungen kennen- und erfahren(lernen)
– Medien zielgerichtet und zweckbezogen handhaben und nutzen
– Medien (ihren Gebrauch, ihren Konsum und ihre Wirkungen) reflektieren

Unterrichtliche Aktivitäten, die die entsprechenden Kompetenzen unterstützen, müssen dabei die verschiedenen Facetten des Umgangs mit (neuen) Medien berücksichtigen, indem die Schülerinnen und Schüler Medien nutzen, um sich zu informieren oder um über sie mit anderen Menschen zu kommunizieren und zu kooperieren. Darüber hinaus können sie jedoch auch zum Üben, Spielen oder Experimentieren verwendet werden oder um Gestaltungsaufgaben zu bewältigen bzw. Präsentationen durchzuführen.

Zum vernetzenden Themenbereich „Medien" im Sachunterricht stehen insbesondere folgende „Themenfelder" im Vordergrund:
– Medienalltag (auch im Vergleich zwischen verschiedenen Kulturen)
– verschiedene Kommunikationsmittel (z.B. Zeitung, Smartphones, Twitter, Soziale Netzwerke) und ihre Auswirkungen auf Gesellschaft und Politik
– Medien als Informationsträger (z.B. Online-Experimentier-Austausch, Suchmaschinen und Portale für Kinder, Kinderwikis)
– Sicherheit im Netz

- technische Funktionsweisen neuer Medien (z.B. GPS/ Galileo, Sprach-, Gesten- und Bilder- bzw. Gesichtserkennung, 3D-Druckverfahren, Lokalisierungs- und Cloud-Dienste)

5.4.2 Kompetenzbeschreibungen
Schülerinnen und Schüler können:
- verschiedene Medien benennen sowie zwischen Gerät und Zweck (z.B. zur Kommunikation, Information oder Unterhaltung) unterscheiden
- erkennen, dass verschiedene Inhalte verschiedenfach medial repräsentiert werden und geeignete Formen zur Informationsgewinnung und zur Kommunikation nutzen (z.b. im Vergleich verschiedener Zeitschriften und Zeitungen, im Vergleich der Nachrichten aus Tageszeitung mit denen aus dem Fernsehen oder den Blogs verschiedener Internetpräsenzen oder im Vergleich von Artikel vs. Reportage)
- verschiedene Informationsformen erkennen und nutzen (z.B. Textarten, Karten, Grafiken, Tabellen) und dabei Lesehilfen (wie z.B. Legenden, Symbole) erkennen und verwenden
- in verschiedenen medialen Beständen (z.B. in Bibliotheken, Datenbanken, Wikis, Archiven, Lehrmitteln, Kindersachbüchern, Nachschlagewerken oder Kinderwebseiten) und/ oder zur Verfügung stehenden medialen Diensten nach Informationen suchen und Hilfsmittel (z.B. Kataloge, Schlagworte, Suchmaschinen) gezielt einsetzen, die dort gewonnenen Informationen vergleichen und verarbeiten, eine Auswahl daraus treffen und gezielt für Information oder Kommunikation einsetzen
- Ausschnitte aus Kindersachbüchern, Bilderreigen, Filmausschnitte nutzen, um Informationen und Angaben zu Sachverhalten zu entnehmen, diese bearbeiten und in eigenen Worten und Darstellungen wiedergeben
- eigene Erfahrungen, Vorstellungen, Vorkenntnisse mit Informationen aus Medien vergleichen, in Beziehung setzen, die Unterschiede sowie mögliche Gründe für diese Differenzen (wie z.B. Aufarbeitung, Darbietung oder Filterung) benennen
- zur Visualisierung und Veranschaulichung von eigenen Lernergebnissen zwischen analogen und digitalen Möglichkeiten gezielt auswählen und verschiedene mediale Techniken kombinieren (z.B. digitale Fotos ausdrucken und in einer Wandzeitung verwenden)
- eigene mediengestützte Beiträge in der Klassenöffentlichkeit und in inter- oder intranetgestützten Foren gestalten und die Reichweite und Veränderbarkeit von Medien und deren Inhalten (z.B. durch die Mitarbeit an Wikis oder durch Einträge in sozialen Netzwerken) erkennen

– Chancen und Gefahren der medialen Verbreitung von Informationen und persönlichen Daten einschätzen und einen Umgang in Bezug auf verschiedene Medienträger entwickeln (z.b. Leserbriefe, Postings, Soziale Netzwerke)
– Datenschutzbestimmungen für ihr persönliches Umfeld einschätzen und in Hinblick auf private Dienstleister (ggf. aus anderen Ländern) kritisch anwenden
– verschiedene spielerische Medienangebote zielgerichtet nutzen und ihren „Spiel-Konsum" kritisch reflektieren

6 Beispielhafte Lernsituationen für die einzelnen Perspektiven bzw. die perspektivenvernetzenden Themenbereiche

In diesem Kapitel finden sich beispielhafte Lernsituationen. Uns ist dabei natürlich bewusst, dass konkreter Unterricht nur unter Berücksichtigung der Lernvoraussetzungen und Lernbedingungen vor Ort geplant und inhaltlich sowie methodisch zwischen den Akteuren (Schülerinnen und Schüler/ Lehrerinnen und Lehrer) verhandelt werden kann. Die nachfolgend dargestellten Beispiele sind daher nicht als Unterrichtsvorgaben oder „Beispielstunden" zu interpretieren, sondern sollen exemplarisch Möglichkeiten verdeutlichen.

Damit dienen sie verschiedenen Zwecken: Zuvorderst sollen sie Anregungen und Hinweise geben, wie die in den Kapiteln 4. und 5. formulierten Kompetenzen im Sachunterricht gefördert werden können. Sie zeigen exemplarisch, wie die im Perspektivrahmen formulierten Ideen sich in die Unterrichtspraxis umsetzen lassen. Damit soll dann zugleich glaubwürdig verdeutlich werden, dass die – in ihrer Fülle und Komplexität gegebenenfalls überfordernd wirkenden – Kompetenzen realistischerweise unterstützt werden können. Die Beispiele zeigen – mit Blick auf die eben erwähnte Fülle –, dass bei solchen Unterrichtsvorschlägen stets verschiedene Kompetenzen gleichermaßen berücksichtigt sind und gefördert werden. Zudem werden mit diesen Lernsituationen in vielfältiger Weise die übergreifenden Denk-, Arbeits- und Handlungsweisen sowie Bezugspunkte zu den anderen Perspektiven des Sachunterrichtes berücksichtigt.

Die Beschreibung aller hier aufgeführten Beispiele enthält folgende Aspekte:
– *Lernsituation/ Ausgangslage:*
  Hier werden Informationen gegeben, welche Vorerfahrungen von Kindern im Grundschulalter zur jeweiligen Lernsituation erwartbar sind. Selbstverständlich wird sich dies von Kind zu Kind und von Klasse zu Klasse im Detail unterscheiden.

– *Aufgaben und Aufträge:*
Die Aufgaben und Aufträge sind so gehalten, dass die Schülerinnen und Schüler möglichst selbstständig ihre Kompetenzen erweitern. Soweit wie möglich werden die erforderlichen Arbeitsmaterialien dargestellt. Gezielt wurde darauf geachtet, dass die hier genannten Beispiele in einem „normalen Unterricht" umsetzbar sind (und nicht z.b. spezielle Voraussetzungen bzgl. der Ausstattung der Schule o.ä. erforderlich sind).

– *Ergänzende Möglichkeiten/ vergleichbare Alternativen:*
Um zu verdeutlichen, welche Alternativen oder Ausweitungen möglich sind, werden weitere mögliche Arbeitsaufträge oder auch alternative Inhalte dargestellt. Verdeutlicht wird damit auch, dass diese Beispiele nur eine mögliche Form der Kompetenzförderung sind.

– *Unterstützte Kompetenzen:*
An dieser Stelle werden die Kompetenzen aufgeführt, die in der beispielhaften Lernsituation vorrangig im Fokus stehen.

– *Hinweise, wie Kompetenzentwicklungen sichtbar werden und auch beurteilt werden können:*
Beispielhaft wird abschließend gezeigt, wie Lehrpersonen erkennen können, inwieweit die Schülerinnen und Schüler bei oder am Ende der Erarbeitung die anvisierten Kompetenzen erzielt haben. Genannt werden hier v.a. die Situationen, in denen sich die Kompetenzen erweisen können und Kriterien, die Hinweise für die Einschätzung geben.

– *Materialien*
Abschließend werden einige Materialien, die zum Verständnis der Aufgaben hilfreich sind, dargestellt. In diesem Abschnitt finden sich auch Literaturangaben, wenn Teile der beispielhaften Lernaufgabe bereits publiziert sind oder wenn hier weitere Anregungen bzw. hilfreiche Unterrichtshilfen gegeben sind.

6.1 Beispielhafte Lernsituationen aus der sozialwissenschaftlichen Perspektive

6.1.1 Beispiel für die 1./2. Jahrgangsstufe: Was macht Macht?

Lernsituation/ Ausgangslage:
Macht begegnet Kindern täglich in verschiedenen Situationen und Ausprägungen. Es gibt einen negativen und einen positiven Aspekt von Macht: Als „Macht über jemanden haben" kann sie Freiheit einschränken. Dieser Aspekt steht meist im Vordergrund der Vorstellungen zu Macht. Kinder wählen hierfür beispielsweise Metaphern wie „das Sagen haben". Als Fähigkeit zum autonomen Handeln, als

"mächtig sein, etwas zu tun", kann sie jedoch auch Handlungsspielräume eröffnen. Dieser Aspekt wird eher selten angesprochen.

Aufgaben und Aufträge:
1. Was ist Macht?
Zu Beginn steht ein Unterrichtsgespräch, das nach Möglichkeit an ein aktuelles Ereignis anknüpft, in dem ein Kind/ einige Kinder zu einer Handlung gezwungen wurden. Es sind verschiedene Leitfragen der Lehrkraft möglich, die gegebenenfalls auf das gewählte Ereignis zu konkretisieren sind, wie z.b.: Wer fordert von Kindern, dass sie etwas machen müssen, was sie nicht wollen? Müssen Kinder immer gehorchen? Dürfen Erwachsene alles machen, was sie wollen?
Die Beispiele können sich auf Regelungen in der Familie beziehen (z.b. Schlafenszeiten), auf Regelungen in der Klasse (z.b. Gesprächsregeln, Umgang mit dem Eigentum anderer) oder Gesetze (z.B. Verkehrsregeln).
Im Anschluss erhalten die Schülerinnen und Schüler den Auftrag, Antworten zu einzelnen Aspekten von Macht und Machtausübung zu finden. Hierzu können sie Befragungen von Betroffenen durchführen oder eigene Beispiele sammeln. Solche Fragen sind z.b.:
– Wer bestimmt, was zu tun ist (z.B. in der Familie, in der Schule, im Sportverein)? (Frage nach den Trägern von Macht)
– Warum sollst du der Person gehorchen? Welchen Sinn hat die Anweisung oder das Verbot? (Frage nach der Rechtmäßigkeit von Macht)
– Ist es stets fair, wenn von dir verlangt wird, dass du gehorchen musst? (Frage nach den subjektiven Bewertungen)

2. Quellen von Macht bzw. Ohnmacht und Autorität
Die Schülerinnen und Schüler erhalten Bildkarten mit den Portraits verschiedener Personen oder Personengruppen (s.u. bei Materialien). Sie erhalten die Aufgabe, sie in Partnerarbeit in eine für sie sinnvolle Ordnung zu bringen. (Alternativ kann die Lehrperson die Karten noch ungeordnet im Sitzkreis auf den Boden legen und gemeinsam mit den Kindern die Karten neu gruppieren.) Dabei können Paarkombinationen oder Gruppen von Karten gebildet werden.

Wichtig dabei ist, dass ein Gespräch über die gewählten Ordnungen stattfindet. Leitfragen hier können sein:
– Was zeigen die Bilder?
– Wer bestimmt hier über wen?
– Wer ist dem anderen überlegen? Wer ist mächtiger? Warum ist das so?
– Oder sind die hier abgebildeten Personen gleichberechtigt? Warum?
– Sind die Paarbildungen eindeutig? Was wissen wir über die Abgebildeten?

Folgende Paare können beispielsweise gebildet werden:
- wissend – unwissend bzw. klug – dumm
- reich – arm
- alt – jung
- schwach – stark
- Frau – Mann
- Gruppe – Einzelner
- Gefängnisinsasse – Wärter/ Polizist

Zur Differenzierung nach der Leistungsstärke der Kinder können mehr oder weniger Kärtchen ausgeteilt werden. Zudem können die Ergebnisse aufgeschrieben und neue Ordnungen gesucht werden. Die nicht immer eindeutigen Zuordnungen zeigen, dass hier auch der Glaube über die Eigenschaften der Dargestellten eine Rolle spielt. Im Unterrichtsgespräch sollte daher zur Verhinderung von Klischeebildung verdeutlicht werden, dass die Abbildungen auf den Kärtchen als Symbole zu verstehen sind.

3. „Die Könige von Mabonien"
In der ersten Klasse kann die Geschichte (s.u. bei Materialien) vorgelesen oder von der Lehrperson frei nacherzählt werden, während Kinder der zweiten Klasse sie selbstständig lesen können. „Untertanen" oder „organisieren" stellen Begriffe dar, die vorweg geklärt werden sollten. Die Geschichte enthält drei verschiedene Szenarien, in denen der Umgang mit Macht in unterschiedlicher Weise zum Ausdruck kommt.

Das Textverständnis kann unterstützt werden, indem die Schülerinnen und Schüler für die drei Szenarien Standbilder erstellen – alternativ können auch Zeichnungen angefertigt werden. Dabei werden folgende Fragen thematisiert:
- Wie äußert sich die Machtausübung bei den Königen Willi und Ralf?
- Wie stellt sich die Situation bei Königin Emma dar?

Neben den Königen können in den Standbildern auch Ritter und Mabonier auftreten. Im Gespräch über die Standbilder können dann verschiedene Facetten von Macht aufgegriffen werden, wie zum Beispiel, worauf die Macht der Könige beruht: König Willi ist beliebt. König Ralf übt Druck aus und schüchtert die Bevölkerung ein. Königin Emma ist gewählt.
Auch können die Kinder sich dazu äußern, unter welchem König sie am liebsten leben wollten und dies begründen.
Besonders kann auf die Frage nach der Begrenzung von Macht eingegangen werden: König Ralf muss sich an keine Regeln halten. Warum ist es sinnvoll, dass für den neu zu wählenden König nun Regeln aufgestellt werden? Welche Regeln würden die Kinder aufstellen?

Ergänzende Möglichkeiten/ vergleichbare Alternativen:
- Die Schülerinnen und Schüler bringen eigene Ausschnitte aus Zeitschriften/ Zeitungen zum Thema mit.
- Es werden Bilder von Gewalt (z.b. „bissige Hunde", Pistole) und ökonomischer Macht (z.B. Gold, hohe Türme) einbezogen. Die Begriffe Autorität, Gewalt und Macht können so vergleichend geklärt werden.
Ein Bezug zur historischen Perspektive bietet sich an (v.a. zum Themenbereich 4: Fakten und Fiktion).

Unterstützte Kompetenzen:
Schülerinnen und Schüler können:
DAH SOWI 2:
- eigene Interessen und Bedürfnisse artikulieren sowie die von anderen benennen

DAH SOWI 3:
- problemhaltige Situationen, Konflikte oder Entscheidungen nach demokratischen und ethischen Werten beurteilen
- einen eigenen Standpunkt formulieren sowie verschiedene Positionen und Perspektiven erkennen, miteinander vergleichen und wertorientiert Stellung beziehen

DAH SOWI 6:
- Rahmenbedingungen von Handlungssituationen untersuchen
- Handlungen in Rollen- und Planspielen sowie Zukunftswerkstätten simulieren

TB SOWI 2:
- in Fallbeispielen Macht in verschiedenen Ausprägungen wie Autorität, Gehorsam, Gewalt, Führung identifizieren

Zusätzlich kann ein erster Bezug zum Themenbereich „Gemeinwohl" mit der Geschichte hergestellt werden

Hinweise, wie Kompetenzentwicklungen sichtbar werden und auch beurteilt werden können:
- Können die Kinder passende Beispiele zum Gegensatzpaar Macht/ Gehorchen und eigenen Bedürfnissen im Unterrichtsgespräch nennen? (Aufgabe 1)
- Können die Kinder rechtmäßige Macht von unrechtmäßiger Macht unterscheiden und ihre Entscheidung begründen? (Aufgaben 1 und 3)
- Sind die Kinder in der Lage, die Bildkarten plausibel anhand des Kriteriums „Macht" anzuordnen und ihre Anordnung argumentativ zu begründen? (Aufgabe 2)

Materialien:
Weber-Blaser, T. (2008): Was macht Macht? *Weltwissen Sachunterricht, 3*, H.4, 14-18 (Daraus sind die Bildkarten und der Text „Die Könige von Mabonien" entnommen.)

Wie mächtig?

Abb. 2: Bildkarten zum Sortieren und Ordnen (© Westermann)

Material 2:

Die Könige von Mabonien

Vor langer Zeit herrschte **König Willi** in Mabonien. Der mächtige König war sehr beliebt bei seinen Untertanen. Willi ließ Spielplätze bauen und veranstaltete Feste für Erwachsene und Kinder. Außerdem sorgte er für Sicherheit. Er ließ die Mabonier vor Feinden beschützen. Um das alles bezahlen zu können, mussten die Menschen an König Willi Abgaben bezahlen. Das heißt, wenn ein Kind zum Beispiel einen Euro Taschengeld bekam, musste es zehn Cent davon an den König abgeben. Von diesem Geld wurden die Schaukeln und Rutschen für die Spielplätze und die Luftballons und Getränke für die Feste gekauft. Außerdem wurden damit die Ritter bezahlt, die die Mabonier beschützten.

Als König Willi schon alt war und starb, waren die Mabonier sehr traurig. Wie damals üblich, wurde nun sein Sohn zum neuen König. Willis Sohn hieß Ralf. **König Ralf** war nicht so freundlich wie sein Vater. Er erhöhte die Abgaben für die Menschen. Und es gab nun keine Feste mehr. Auch die Spielplätze vergammelten. Ralf verbrauchte die ganzen Abgaben für sich selbst. Er kaufte Schmuck und teure Kleider und lebte in Saus und Braus. König Ralf machte, was er wollte. Es gab nämlich keine Regeln an die er sich halten musste.

Immer mehr Mabonier waren verärgert über den jungen König. Ein paar von ihnen beschwerten sich, doch sie hatten jetzt Angst vor den Rittern. König Ralf hatte den Rittern befohlen, diejenigen zu verprügeln, die schlecht über ihn redeten. Erst als alle Mabonier zusammen hielten, musste König Ralf aufgeben. Gemeinsam waren sie stärker als der König und seine Ritter. Sie vertrieben König Ralf aus seinem prächtigen Schloss.

Endlich waren die Menschen in Mabonien wieder frei. Jetzt wollten Sie auch wieder ihre Feste feiern. Und die Spielplätze für die Kinder sollten erneuert werden. Doch wie sollte das organisiert werden? – Sie beschlossen dazu einen neuen Anführer zu wählen. Derjenige, der die meisten Stimmen erhält, sollte neuer König von Mabonien werden.

Doch bevor sie wählten, stellten die Mabonier Regeln für ihren künftigen König auf. Der neue König durfte kein Geld mehr für Schmuck ausgeben. Das war die erste Regel. Und er musste jedes Jahr ein großes Fest veranstalten. Das war die zweite Regel.

Nun wählten die Mabonier eine Königin. Sie hieß Emma. Mit **Königin Emma** konnten die Mabonier wieder glücklich zusammen leben, gemeinsam spielen und ihre Feste feiern.

6.1.2 Beispiel für die Jahrgangsstufe 3/4: Brauchen wir einen Klassensprecher?

Lernsituation/ Ausgangslage:
Vor der Wahl eines neuen Klassensprechers/ einer neuen Klassensprecherin ist ein günstiger Zeitpunkt, um über die Aufgaben des Amtes und damit zusammenhängend über wünschenswerte Fähigkeiten eines Klassensprechers zu beraten. Im Normalfall haben die Schülerinnen und Schüler aus der zweiten Klasse erste Erfahrungen mit diesem Amt und der „Amtsführung" von Kindern sammeln können.

Aufgaben und Aufträge:
Die Kinder erhalten folgenden Text. (Als Alternative kann er als „Szenisches Spiel" vorgeführt werden.)

> „Ich finde es überflüssig, einen Klassensprecher zu wählen. Diese Leute wollen sich doch nur wichtig machen. Und wenn's hart auf hart kommt, halten sie doch nur zu den Lehrern, bei denen sie sich einschmeicheln!" (Jana)
> „Also, Jana, ich glaube, du spinnst!!! In der 3. Klasse war ich Klassensprecherin! Und auch, als es hart auf hart kam, habe ich mich für meine Klasse eingesetzt und nicht bei den Lehrern eingeschmeichelt." (Ines)
> „Jana hat Recht. Ich war auch schon einmal Klassensprecherin und hatte so gut wie nie etwas zu tun. Eigentlich braucht man in der Grundschule keinen Klassensprecher." (Inga)
> „Das ist doch Blödsinn. In der Parallelklasse haben sie zwei Klassensprecher, ein Mädchen und einen Jungen. Wenn die Mädchen etwas auf dem Herzen haben, gehen sie zu ihrer Sprecherin, und wenn die Jungen etwas wollen, dann gehen sie zum Sprecher. Das hat schon oft Wunder gewirkt." (Miriam)
> „Dann brauchen wir sogar zwei Klassensprecher? Warum kann nicht ein Klassensprecher für alle Kinder in der Klasse sprechen?" (Finn)
> „Gewählt werden sowieso immer nur die beliebtesten Schüler. Wenn jemand ein schönes Fest verspricht, bekommt er die meisten Stimmen. Und bei der Wahl schmeicheln sich die anderen Kinder mit ihrer Stimme beim Klassensprecher ein." (Anna)
> „Wozu die Aufregung? Es hört doch sowieso niemand auf den Klassensprecher." (Max)
> „Nein, das stimmt nicht. Klassensprecher haben Macht. Ich wurde als Klassensprecherin immer ernst genommen." (Ines)
> „So ein Problem hatten wir an meiner früheren Schule nicht. Wir hatten nur einen Elternsprecher." (Sebastian)

Nachdem sie den Text gelesen haben, erhalten sie folgende Aufgaben, die sie zunächst zu zweit oder in einer kleinen Gruppe bearbeiten und die dann im Plenum weiter geführt werden:
– Findet aus dem Text Argumente, die für und gegen einen Klassensprecher oder eine Klassensprecherin sprechen.

- Überlegt und diskutiert unabhängig vom Text, wessen Interessen eine Klassensprecherin bzw. ein Klassensprecher zu vertreten hat. Nennt Beispiele für diese Interessen.
- Was muss ein guter Klassensprecher/ eine gute Klassensprecherin an Fähigkeiten besitzen?
- Wie könnte die Wahl durchgeführt werden, damit die Befürchtungen von Anna nicht eintreffen?

Ergänzende Möglichkeiten/ vergleichbare Alternativen:
- In einem Rollenspiel kann ausprobiert werden, wie eine Klassensprecherin/ ein Klassensprecher bei Meinungsverschiedenheiten vermitteln könnte (z.b. beim Streit mit dem Hausmeister, mit der Klasse oder bei dem Konflikt mit der Kunstlehrerin).
- Schülerinnen und Schüler einer 4. Klasse werden zu ihren Erfahrungen mit ihren Klassensprecherinnen und Klassensprechern interviewt. Die Ergebnisse werden gesammelt, vorgestellt und diskutiert.
- Die Kinder erstellen „Programme" für die Schülerinnen und Schüler, die sich damit zur Klassensprecher-Wahl stellen können und führen einen „Wahlkampf" durch. (Merkmale eines Wahlkampfs können in Kinder-Lexika recherchiert werden.)
- Ideal wäre es, wenn im Anschluss an diesen Unterrichtsabschnitt die Wahl zum Klassensprecher/ zur Klassensprecherin von den Schülerinnen und Schülern organisiert und auf einer Metaebene über die Wahl entsprechend der Kriterien reflektiert werden kann.
- Das Thema „Wahlen" bietet sich als Weiterführung an.

Unterstützte Kompetenzen:
Schülerinnen und Schüler können:
DAH SOWI 1:
- gemeinschaftliches Leben gestalten (z.B. in der Klassengemeinschaft) unter Berücksichtigung der individuellen Bedürfnisse der einzelnen Mitglieder der Gemeinschaft
- Abstimmungen und Wahlen durchführen sowie Mehrheitsentscheidungen in der Klasse umsetzen

DAH SOWI 2:
- eigene Interessen und Bedürfnisse artikulieren sowie die von anderen benennen
- Mehrheitsentscheidungen akzeptieren und tolerieren

evtl.:
- argumentierend für die eigene Position werben und Bündnispartner suchen

DAH SOWI 3:
- einen eigenen Standpunkt formulieren sowie verschiedene Positionen und Perspektiven erkennen, miteinander vergleichen und wertorientiert Stellung beziehen
- alternative Urteile diskutieren, den Nutzen für Einzelne, für verschiedene Gruppen und die Gesellschaft insgesamt (Gemeinwohl) abwägen

DAH SOWI 4:
- eigene Bedürfnisse ermitteln sowie die Bedürfnisse Einzelner oder Gruppen bestimmen (z.B. mit Hilfe von Interviewtechniken wie Expertenbefragungen oder Meinungsumfragen)

DAH SOWI 6:
- Handlungen in Rollen- und Planspielen sowie Zukunftswerkstätten simulieren

TB SOWI 1:
- die Aufgaben von Repräsentanten wie Klassensprecher, Bürgermeister und Gemeinderat beschreiben und Beispiele nennen, in denen sie sich für die Belange von Kindern einsetzen
- Diskussionen, Abstimmungen und das Mehrheitsprinzip als Elemente der Demokratie erkennen und in schulischen Prozessen, aber auch in Prozessen kommunaler Entscheidungen identifizieren

weiterführend zum Thema „Wahlen":

TB SOWI 2:
- in Fallbeispielen beurteilen, ob eine Wahl den demokratischen Prinzipien (frei, allgemein, gleich, geheim) folgt
- die Bedeutung von verschiedenen Parteien für die Demokratie beschreiben, indem sie dazu Begriffe wie Interessen, Wahlkampf und Wähler nutzen

Hinweise, wie Kompetenzentwicklungen sichtbar werden und auch beurteilt werden können:
- Können die Schülerinnen und Schüler im Text sowohl die Pro- als auch Kontra-Argumente für das Amt des Klassensprechers finden und richtig zuordnen?
- Wie differenziert nennen und begründen sie die Fähigkeiten, die ein Klassensprecher/ eine Klassensprecherin haben sollte?
- Erarbeiten sie sinnvolle Kriterien zur Durchführung von Wahlen (z.B. geheime Wahl) und können sie eine solche Wahl organisieren? (Gruppenleistung)
- Können sie beurteilen, ob durch die Wahl der Klassensprecherin/ des Klassensprechers die zuvor genannten Bedürfnisse der Klassenmitglieder befriedigt werden? (z.B. Fühlen sich alle Kinder repräsentiert?)

Materialien:
Detjen, J. (2008): Klassensprecherwahl und Klassenrat – Elemente der Demokratie in der Grundschule (Baustein 1). In: Bundeszentrale für politische Bildung (Hrsg.): *Demokratie verstehen lernen. Elf Bausteine zur politischen Bildung in der Grundschule.* Reihe: Themen und Materialien (S.7-32) Bonn.

6.2 Beispielhafte Lernsituationen aus der naturwissenschaftlichen Perspektive

6.2.1 Beispiel für die Jahrgangsstufe 1/2: Fliegen – Samenflieger/ Wie steuert ein Flugzeug?

Lernsituation/ Ausgangslage:
Wenn die Samen der Mutterpflanze direkt auf den Boden unter ihr fallen würden, könnte sie sich nicht vermehren, denn die keimenden Pflänzchen würden beim Kampf um Wasser und Nährstoffe in Konkurrenz zur Mutterpflanze stehen. Deshalb verfügen Pflanzen über vielfältige Formen der Verbreitung ihrer Samen. Sind die Samen sehr klein, werden sie allein vom Wind verbreitet. Sind die Samen schwerer, benötigen sie Flügel, um vom Wind verweht werden zu können.
Kindern ist der Samenflug (z.B. beim Löwenzahn) aus dem Alltagserleben oft so vertraut, dass er sie nicht spontan zu einer systematischen Beschäftigung damit animiert. Daher sollten sie bewusst auf dieses Phänomen aufmerksam gemacht werden, z.B. im Rahmen eines Unterrichtsgangs, bei dem sie wesentliche Veränderungen in der herbstlichen Natur beobachten. Darüber hinaus sollten sie bereits über basale Fähigkeiten im Beobachten und Durchführen einfachster Versuche verfügen, den damit verbundenen Sinn des Erkennens von Ursachen bzw. des Überprüfens von Vermutungen erfasst sowie sich bestimmte Fertigkeiten im Basteln mit Papier angeeignet haben. Da es sich anbietet, paarweise zu arbeiten, sollten auch diesbezüglich erste Erfahrungen vorliegen.
Der Unterricht ist an die Jahreszeit Herbst gebunden, um es den Kindern zu ermöglichen, an den konkreten Naturobjekten die dahinterliegenden (Flug-)Prinzipien zu erfassen.

Aufgaben und Aufträge:
1. Auf einem Unterrichtsgang werden fallende Samen beobachtet, die „Samenflieger" gesammelt und als Anschauungsgrundlage im Unterricht zur Verfügung gestellt, z.B.

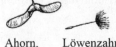

Ahorn,   Löwenzahn,   Ulme,   Esche

2. Durch das Vergleichen der unterschiedlichen Samen fällt die Unterschiedlichkeit der Form und Größe der Flügel auf. Es drängen sich Fragen nach den Ursachen bzw. dem Zweck auf, den die verschiedenen Formen hinsichtlich des Samenflugs erfüllen: Warum haben einige Samen Flügel, andere nicht? Warum haben einige Samen große, andere kleine Flügel? Oder: Welchen Einfluss haben die Flügelgröße und das Gewicht auf das Flugverhalten des Samens?
3. Nun kann gemeinsam mit den Kindern darüber beraten werden, wie die Fragen beantwortet werden könnten. Möglich wären in diesem Zusammenhang das systematische Beobachten und Vergleichen von unterschiedlichen „Samenfliegern" in der Natur. Genauso möglich ist ein Versuch, in dem die wesentlichen Bedingungen zu Erkenntniszwecken nachgestaltet werden. Dazu sind mehrere Schritte zu gehen: Mit Phänomenen auseinandersetzen (reale Begegnung), Ableiten einer (sachadäquaten) Frage (Phänomen hinterfragen), Modellieren (des Prototyps) des Phänomens (Vereinfachung, Analogie), Beobachtung, Versuch, Experiment zur Beantwortung der Frage und Anwendung auf die Wirklichkeit (Verstehen und praktisches Gestalten).

Mögliche Aufgaben für die Schülerinnen und Schüler können dabei sein:
- Überlegt Euch eine konkrete Frage, die ihr beantworten wollt? (z.B.: Warum fliegt ein Samen, welche Rolle spielen die Flügel dabei? Warum fliegt der eine Samen schneller als der andere?)
- Baut einen Samenflieger mit kleinen und großen Flügeln nach (Vorlage erforderlich – siehe Abbildung auf der folgenden Seite). – Überlegt Euch dabei: Was benötige ich dazu? Wodurch unterscheiden sich die Samen bzw. die Modelle? (Flügel - groß, klein; schwer, leicht – eine oder zwei Büroklammern)
- Plant den Versuch zur Beantwortung Eurer Frage und verabredet, was beobachtet werden soll! (z.B.: Welcher Samenflieger ist schneller unten bzw. fliegt länger?)
- Schreibt die Beobachtungsergebnisse in eine Tabelle (s.u.). (Oder anspruchsvoller: Wie können wir die Beobachtungsergebnisse festhalten?)

Wer wir erster?		

- Formuliert das Ergebnis, beantwortet die Frage. Was habt ihr herausgefunden?
- Findet andere „Flieger" mit großen und kleinen Flügeln (z.B. Vögel, Flugzeuge).
4. Im Versuch wird erkannt, dass das Gewicht (eine oder zwei Büroklammern) und die Flügelgröße (klein, groß) Einfluss auf die Flugdauer (und damit auf die Verbreitung des Samens) haben. In einem Klassengespräch wird diese Erkenntnis angewandt, um zu verdeutlichen, dass große und damit schwere Vögel große Flügel(spannen) haben müssen, um fliegen zu können – gleiches gilt für Segelflugzeuge.

Ergänzende Möglichkeiten/ vergleichbare Alternativen:
Analog kann das Fliegen eines Flugzeugs untersucht werden. Viele Kinder sind bereits mit einem Flugzeug (in den Urlaub) geflogen. Kinder sitzen oftmals gern am Fenster und beobachten, wie das Flugzeug fliegt (Höhenruder). Papierflieger sind ebenso beliebt bei Kindern. Das Nachgestalten eines Flugzeugs mit einem Papierflieger ist eine relativ einfache Aufgabe, mit der die Bedeutung der Höhenruder für das Fliegen experimentell überprüft werden kann. Nach dem Bau des Papierfliegers wird die Auswirkung der Stellung der Höhenruder (beide oben – Aufsteigen, beide unten – Landen; eines oben und eines unten – Drehen um die Achse); überprüft. Besonders interessierte Schülerinnen und Schüler können selbst herausfinden, wie ein Flugzeug nach links oder rechts fliegen (abdrehen) kann (ein Höhenruder etwas hochbiegen, das andere flach lassen).

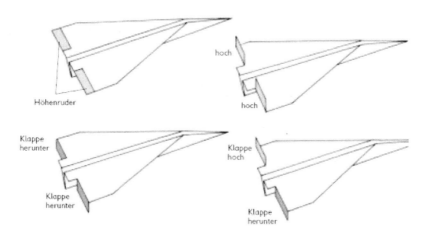

Unterstützte Kompetenzen:
Schülerinnen und Schüler können:
DAH NAWI 1:
- aus naturwissenschaftlichen Phänomenen sinnvolle Fragen ableiten
- einfache Versuche zur Überprüfung von Vermutungen bzw. zur Widerlegung von Vermutungen beraten, planen und durchführen
- erste Modellvorstellungen von Naturphänomenen aufbauen (z.B. Naturphänomene in einfachen Prinzipmodellen wiedererkennen) sowie den interpretativen Charakter von Wissen und Modellen (als keine 1:1 Abbilder der Realität) erkennen

DAH NAWI 2:
- Untersuchungen *(hier zum Fliegen)* sachorientiert durchführen (z.B. durch betrachten, beobachten, vergleichen, benennen, beschreiben…)
- Beobachtungen miteinander vergleichen und dabei zunehmend sachbezogene Merkmale *(hier z.B. Gewicht, Geschwindigkeit des Samenfliegers)* benutzen
- Materialien und Gegenstände nach ausgewählten Eigenschaften *(hier z.B. Gewicht, Form und Flügelspanne)* klassifizieren und ordnen
- diskursiv verabreden oder selbstständig festlegen, was untersucht werden und wie das am besten geschehen soll
- die Bedeutung von gezielter Parametervariation bei Versuchen verstehen und solche Variablenveränderungen selbstständig durchführen

DAH NAWI 3:
- einfache Ursache-Wirkungszusammenhänge *(hier Größe der Flügel, Gewicht des Fliegers und Flugverhalten)* erkennen und angemessen sprachlich darstellen

DAH NAWI 5:
- Vorstellungen und Vermutungen entwickeln, sprachlich verständlich darstellen und miteinander vergleichen; auswählen, begründen und argumentieren, was besonders überzeugt und warum *(hier z.B. das Flugverhalten des Samenfliegers)*
- anderen einen Sachverhalt unter Nutzung und Anwendung der gefundenen Lösungen und Erkenntnisse erklären und dabei sprachlich verständlich und angemessen argumentieren

TB NAWI 4:
- morphologische Merkmale von Pflanzen (Teile der Pflanze) und Tieren (Körperbau) untersuchen, benennen, beschreiben und vergleichen

Darüber hinaus sind verschiedene Bezüge insbesondere zur technischen Perspektive gegeben. Dies betrifft vor allem die Bearbeitung der Frage, wie sich die Menschen die hier erarbeiteten Prinzipien nutzbar gemacht haben.

Hinweise, wie Kompetenzentwicklungen sichtbar werden und auch beurteilt werden können:
- Können die Kinder das beobachtete Naturphänomen sinnstiftend hinterfragen (eine für sie bedeutsame Frage ableiten)?
- Verstehen sie die Analogie zwischen dem Samen und dem Modell „Samenflieger"? (Was entspricht beim Modell dem Flügel, dem Samen…?)
- Können die Kinder sich sachbezogen verständlich ausdrücken? Benutzen sie die eingeführten Begriffe sachangemessen?
- Verstehen sie den Zusammenhang von Flügelgröße/ Gewicht und Flugverhalten bzw. können sie diesen Zusammenhang sprachlich verständlich ausdrücken?
- Können die Kinder die Beobachtungsergebnisse richtig in die Tabelle eintragen?

Materialien:
Giest, H. (2005): Erkenntnisgeleitetes Handeln. Naturwissenschaftliche Lernhandlungen. *Grundschulunterricht, 52,* H.9, S. 8-12.
Giest, H. (2005): Interessenförderung durch naturwissenschaftlich-technischen Unterricht. *Grundschulunterricht, 52* H.10, S. 23-27.
Giest, H. (2009): *Zur Didaktik des Sachunterrichts.* Potsdam.

6.2.2 Beispiel für die Jahrgangsstufe 3/4: Lebensraum Teich/ Tiere am Teich

Lernsituation/ Ausgangslage:
Der Teich ist ein besonderer Lebensraum für Pflanzen (Unterwasserpflanzen, Schwimmpflanzen, Gräser und Kräuter) und Tiere (Vögel, Amphibien, Fische, Insekten), aber auch für seine „Gäste" (z.B. Menschen). Am Beispiel der Tiere am Teich soll der Lebensraum Teich tiefer erschlossen und erkannt werden, wie Tiere

an ihn angepasst sind, und wie Eingriffe des Menschen den Lebensraum und die Lebensbedingungen der Tiere verändern können, so dass ihr Leben gefährdet ist. Idealerweise könnte diese Unterrichtseinheit mit der Anlage oder Pflege eines Schulteiches verbunden werden. Genauso gut kann auch ein anderer Gartenteich als Anschauungsobjekt dienen.

In den ersten beiden Schuljahren haben sich die Kinder im Unterricht üblicherweise vor allem mit exemplarisch ausgewählten Pflanzen und Tieren vertraut gemacht. Sie haben neben ihren charakteristischen, für die Art typischen Merkmalen (Teile der Pflanze – Blüte/ Frucht, Laubblatt, Stängel, Wurzel; Körperbau) Pflanzen und Tiere als Lebewesen kennengelernt, die sich auf artspezifische Weise ernähren, fortpflanzen, entwickeln und bewegen. Daher sind sie auch auf ihren natürlichen oder durch Menschen gestalteten Lebensraum angewiesen. Diese Erkenntnis soll nun durch die Untersuchung eines Lebensraumes weiter entwickelt werden.

Aufgaben und Aufträge:
1. Zu Beginn erfolgt eine Originalbegegnung mit einem Teich, in deren Rahmen auch gezielt Pflanzen und Tiere betrachtet bzw. beobachtet und dokumentiert (z.B. fotografiert) werden. Die Kinder erfahren dadurch bereits, dass den Teich bestimmte Pflanzen und Tiere (Vögel, Amphibien, Fische, Insekten) bewohnen, die an den Lebensraum angepasst sind und einander brauchen, um leben zu können.
2. Je nach Interessenlage wählen Kinder/ Kindergruppen je einen typischen Vertreter der am Teich lebenden Tiere: Fische (z.B. Goldfisch), Amphibien (z.B. Frosch), Vögel (z.B. Stockente), Insekten (z.B. Libelle) – ggf. Säugetiere (z.B. Biber).
3. Zu diesem Tier erstellen die Kinder einen ausführlichen Steckbrief, bei dem dessen Merkmale sowie seine Angepasstheit an das Wasser als wesentliche Lebensbedingung im Zentrum stehen. Folgende Aufgaben sind in diesem Zusammenhang möglich:
   – Betrachtet das Tier.
   – Macht ein Foto vom Tier oder eine Zeichnung (ggf. auf einer vorgegebenen Umrisszeichnung).
   – Kennzeichnet wichtige Merkmale des Körperbaus (Kopf, Körper(-bedeckung), Füße).
   – Beobachtet das Tier in seinem Lebensraum.
   – Haltet wichtige Merkmale des Verhaltens des Tiers fest (Ernährung, Bewegung, Fortpflanzung, Entwicklung).
   – Ergänzt eure Beobachtungen durch Nutzung geeigneter Nachschlagewerke, Bücher oder die Recherche im Internet.

- Kennzeichnet, durch welche Merkmale des Körperbaus und der Lebensweise das Tier an seinen Lebensraum (Wasser) angepasst ist.
- Ergründet Gefährdungen des Tiers und seines Lebensraums sowie mögliche Schutzmaßnahmen.
4. Im Anschluss an die Dokumentationen der Kinder werden die verschiedenen Formen der Anpassung an den Lebensraum (z.b. Schwimmfüße, wasserabweisende Körperbedeckung u.a.) verglichen und systematisch geordnet.
5. Aus den Ergebnissen zur Gefährdung und zum Schutz von Gewässern erarbeiten die Schülerinnen und Schüler eine kleine Broschüre über angemessene Verhaltensweisen.

Ergänzende Möglichkeiten/ vergleichbare Alternativen:
Statt der neigungsorientierten Gruppenarbeit in einem projektartigen Unterricht kann die Bearbeitung auch jeweils für ein einziges Tier (z.B. die Stockente) mit der gesamten Klasse erfolgen. Für den Lebensraum Teich ist dann eine geeignete Unterrichtssequenz erforderlich. Statt der Beobachtung können Filmsequenzen eingesetzt werden. Die Beobachtung kann auch außerhalb des Unterrichts stattfinden. Desweiteren ist es möglich, einen anderen ökologischen Lebensraum in ähnlicher Form zu erkunden (z.b. Hecke oder Wald) – insbesondere dann, wenn dieser für die Schülerinnen und Schüler besser zugänglich ist.

Unterstützte Kompetenzen:
Schülerinnen und Schüler können:
DAH NAWI 2:
- Beobachtungen miteinander vergleichen und dabei zunehmend sachbezogene Merkmale (*hier: Körperbau, Verhaltens- bzw. Lebensweise bei Lebewesen*) benutzen

DAH NAWI 3:
- Systeme (definiert durch Abhängigkeiten und Wechselwirkungen ihrer Systemelemente) in der Natur exemplarisch erkennen (*hier: den Lebensraum Teich*)

DAH NAWI 4:
- die Abhängigkeit der lebenden (*hier: Tiere*) von der nicht lebenden Natur (z.B. Boden, Wasser, Luft) erkennen, exemplarisch begründen und dabei die Begründung verständlich kommunizieren
- die Notwendigkeit eines verantwortlichen Umgangs mit der Natur unter dem Aspekt der Nachhaltigkeit begründen
- aus diesen Erkenntnissen eigene Verhaltenskonsequenzen für den Alltag ziehen

DAH NAWI 5:
- geeignete Informationsquellen auswählen und sachgemäß nutzen, um Fragen zu klären (z.B. Bücher, Internet, andere Kinder, Lehrerinnen, andere Erwachsene, Ausdenken eines geeigneten Versuchs)

TB NAWI 4:
- typische Pflanzen und Tiere in verschiedenen Biotopen beschreiben, erkennen, benennen und unterscheiden
- morphologische Merkmale von Pflanzen (Teile der Pflanze) und Tieren (Körperbau) untersuchen, benennen, beschreiben und vergleichen
- Lebensbedingungen und -vorgänge von Pflanzen und *Tieren* bezogen auf die Merkmale Ernährung, Fortpflanzung, Entwicklung untersuchen, beschreiben und vergleichen
- beschreiben, in welcher Weise Pflanzen und Tiere mit ihrer Umgebung in enger Beziehung stehen und in welcher Weise Anpassungsvorgänge stattgefunden haben (hier: *Bildungen der Haut, Schwimmhäute bei Tieren*)
- erkennen, dass Natur- und Umweltschutz auf den Erhalt der Lebensbedingungen von Pflanzen und Tieren (Menschen) gerichtet sein müssen
- die Verantwortung des Menschen für den Schutz der natürlichen Lebensbedingungen der Wildpflanzen und *-tiere* sowie eine artgerechte Pflanzung/ Pflege der Pflanzen bzw. Haltung der Tiere ableiten

Hinweise, wie Kompetenzentwicklungen sichtbar werden und auch beurteilt werden können:
- Verbinden die Schüler das Thema mit einer für sie sinnvollen Handlungsperspektive, aus der Handlungskonsequenzen abgeleitet werden können (z.B. Gestaltung eines Schulteichs, Bach- oder Teichpatenschaft, Einrichten eines Aquariums, sorgsamer Umgang mit Wasser, Verhinderung oder Reduktion von Wasserverschmutzung)?
- Wie gelingt ihnen das Betrachten, Beobachten und vor allem das Fixieren der wahrgenommenen Merkmale?
- Erkennen und unterscheiden die Kinder wesentliche und unwesentliche Merkmale der Tiere bezogen auf ihre Angepasstheit an den Lebensraum?
- Können sie diese Merkmale auf die Lebensbedingungen im betrachteten Lebensraum (Teich) beziehen?
- Sind sie in der Lage, vor allem durch den Menschen verursachte Gefährdungen des Lebensraumes zu erkennen und auf mögliche Gefährdungen der Lebensbedingungen von Pflanzen und Tiere zu schließen?
- Können sie Schlussfolgerungen für Schutzmaßnahmen (z.B. Verhaltensrichtlinien im Lebensraum) ableiten?

Materialien:
Giest, H. (2009): Kind und Natur(-wissenschaft). Kompetenzorientiertes Unterrichten in der naturwissenschaftlichen Perspektive. *Grundschulunterricht/ Sachunterricht, 4*, S. 19-23.

6.3 Beispielhafte Lernsituationen aus der geographischen Perspektive

6.3.1 Beispiel für die Jahrgangsstufe 1/2:
Schulweg – Räume erkunden, sich orientieren

Lernsituation/ Ausgangslage:
Die Schülerinnen und Schüler kennen ihre nähere Umgebung und ihren Schulweg aus vielfältigen eigenen Erfahrungen. Sie haben dabei bereits individuelle Sichtweisen angewendet, indem sie Vorstellungen zu räumlichen Situationen entwickelt und eigene Bezugspunkte aufgebaut haben. Schwerpunkt dieser Lernsituation ist, dass die Schülerinnen und Schüler Räume und räumliche Situationen bewusster wahrnehmen und bezogen auf verschiedene Gesichtspunkte ihren Nahraum (hier Schulweg) erkunden und „erforschen".

Aufgaben und Aufträge:
– Die Schülerinnen und Schüler zeichnen ihren Schulweg als „Planskizze" und tragen ein, was ihnen an ihrem Schulweg alles auffällt und was ihnen wichtig ist (z.B. Angaben zu Wegmarken, Verläufe oder zur Frage „Was ist besonders an meinem Schulweg?"). (1)
– Sie tauschen ihre Darstellungen aus, beschreiben einander ihre Planskizzen und vergleichen, was sie wie aufgenommen und wie sie die Sachen und Situationen dargestellt haben. (Mein Schulweg, dein Schulweg, was habe ich wie dargestellt, was und wie haben andere dargestellt?). (2)
– Sie erhalten den Auftrag, ihren Schulweg nach bestimmten Fragen und Gesichtspunkten zu erkunden. Dazu wählen sie zwei bis drei Fragen, wie z.B. „Welche Einkaufsläden gibt es entlang meines Schulwegs?" „Wo sind Grünflächen oder besondere Bäume?" „Welche unterschiedlichen Wohnbauten gibt es entlang meines Schulwegs?" (3)
– Arbeit mit dem Ortsplan: Die Schülerinnen und Schüler tragen auf einem Ortsplan ihr Zuhause und den Standort der Schule ein. Sie begehen nun mit dem Ortsplan ihren Schulweg und tragen auf dem Plan besondere Orte ein. Dabei verbinden sie Angaben auf dem Plan mit Objekten im Gelände und umgekehrt und lernen so, wie Dinge auf dem Plan dargestellt sind. (4)
– Die Schülerinnen und Schüler nehmen Eintragungen zu besonderen Orten des Schulwegs (z.B. der interessanteste Ort, gefährliche Orte z.B. im Verkehr, der schönste Ort, Orte wo ich Angst habe) auf einem vergrößerten Ortsplan vor. Sie wählen dabei selber Signaturen für die Darstellung und gestalten eine Art Legende. Ihre Ergebnisse stellen sie den anderen vor. (Es ist durchaus möglich, diesen Auftrag auch mit Fotos zu ergänzen.) (5)

- Anschließend zeichnen die Schülerinnen und Schüler nochmals ihren Schulweg (Planskizze) und bemühen sich dabei, neue Erfahrungen und Erkenntnisse zu berücksichtigen. Sie vergleichen ihre Planskizzen mit denen, die sie am Beginn der Lernsequenz erstellt haben und kommentieren ihre Ergebnisse (z.B. „Was ist mir alles neu aufgefallen?" „Wie sieht mein Plan nun aus – z.B. bzgl. der Darstellungsmittel, Lagebezüge?"). Der Kommentar wird mündlich festgehalten (Tonaufnahme); bei entsprechenden Schreibfähigkeiten können kurze Kommentare schriftlich abgegeben werden. (6)
- Die Schülerinnen und Schüler stellen abschließend ihre Dokumentation zum Schulweg zusammen. (Diese kann als Grundlage für die Beurteilung dienen.) Enthalten sind Planskizze am Anfang und am Ende (vgl. 1 und 6); Ergebnis der Erkundung (vgl. 3); Kommentar zum Vergleich Schulweg „prä" und „post" (vgl. 6); Ortsplan mit Eintragungen (4); vergrößerter Ortsplan mit Eintragungen und Legende (5).

Besondere Stellen auf dem Schulweg

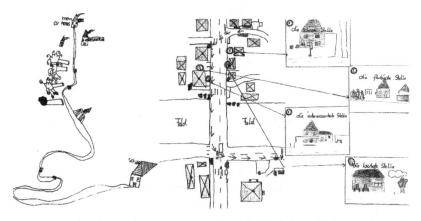

Abb. 3: Schulwegdarstellung einer Schülerin (vgl. Aufgabe 1), Zusammenstellung zu besonderen Stellen auf dem Schulweg in einem Plan (vgl. Aufgabe 5) (aus: Adamina & Wyssen 2005)

Ergänzende Möglichkeiten/ vergleichbare Alternativen:
- Die eigene Wohnumgebung erkunden – ein Porträt der eigenen Wohnumgebung, der Freizeitgestaltung o.Ä. zusammenstellen
- Verkehr und Verkehrseinrichtungen in der eigenen Umgebung; wie wir am Verkehr teilnehmen und uns im Verkehr verhalten (inkl. Gefahren und Maßnahmen für die persönliche Sicherheit)

Unterstützte Kompetenzen:
Schülerinnen und Schüler können:
DAH GEO 1:
– in ihrer vertrauten Umgebung wahrnehmen und beschreiben, was ihnen in Räumen auffällt, wie sie ihre Umwelt empfinden und was ihnen bedeutsam ist
– persönlich bedeutsame Lebensräume des Wohnortes, des Stadtteils oder der Region zeichnerisch sichtbar machen und dabei (in „subjektiven Karten") persönliche Wahrnehmungen und Bewertungen von Raum und Raumbezügen zum Ausdruck bringen

DAH GEO 2:
– Merkmale und Situationen in der eigenen Umgebung (z.B. auf dem Schulweg, in der eigenen Wohnumgebung, am Wohnort) nach vorgegebenen Gesichtspunkten erfassen, benennen und festhalten
– Formen für das Erfassen, Beschreiben und Festhalten von Naturphänomenen, von durch Menschen geschaffenen Objekten und Einrichtungen und von Natur-Mensch-Beziehungen im Gelände anwenden (z.B. Skizze erstellen, auf einer Karte Eintragungen vornehmen, fotografieren, zählen und messen, befragen)
– selbst und im Austausch mit anderen Gesichtspunkte für das Beobachten und Erheben von Eindrücken, Merkmalen und Situationen zusammenstellen

DAH GEO 3:
– die räumliche Lage sowie Wegverläufe in ausgewählten vertrauten Orten am Wohnort und in der Region beschreiben und zeichnerisch festhalten (z.B. den Schulweg, die eigene Wohnumgebung, den Weg vom Wohnort in die nächstgelegene größere Stadt)
– in ihrer vertrauten Umgebung räumliche Referenzpunkte (z.B. Himmelsrichtungen, zentrale „Landmarken") zeichnerisch festhalten und für die Orientierung im Raum anwenden
– sich mithilfe einer einfachen Kartenskizze, einem Ortsplan, einer topographischen Karte, einem Verkehrsnetzplan der eigenen Region (gegebenenfalls auch erweitert mit GPS) im Realraum orientieren, ausgewählte Orte auffinden und ausgehend von der Darstellung in der Karte einfache räumliche Situationen beschreiben

DAH GEO 4:
– in einfachen modellartigen Darstellungen (z.B. Kartenskizzen) räumliche Merkmale und Situationen darstellen, dabei selber Repräsentationsformen finden sowie Lagebezüge und räumliche Proportionen angemessen in den Darstellungen, Modellen eintragen

TB GEO 2:
- über eigene Erfahrungen und Erlebnisse zu verschiedenen Lebenssituationen, zu räumlichen Bezügen und zu Naturgrundlagen erzählen (z.b. zum Wohnen, zur Freizeit, zum Unterwegs Sein, zu Erlebnissen in der Natur)
- raumbezogene Merkmale und Situationen beschreiben und einfache Zuordnungen und in Ansätzen Typisierungen und Gruppenbildungen zu Grunddaseinsfunktionen vornehmen (z.b. wie und wie unterschiedlich Menschen wohnen, wo, wie und in welch unterschiedlichen Umgebungen Menschen arbeiten, wie Menschen in ihrem Alltag und im Urlaub unterwegs sind, was Menschen in ihrer Freizeit tun und wo sie sich dabei aufhalten)

Zudem gibt es vielfältige Bezüge zum perspektivenübergreifenden Themenbereich Mobilität.

Hinweise, wie Kompetenzentwicklungen sichtbar werden und auch beurteilt werden können:
- Art der Darstellung in den Schulwegskizzen am Anfang (1): Welche räumlichen Elemente, Lagebezüge und Projektionsarten werden dargestellt? Welche räumlichen Begriffe verwenden die Schülerinnen und Schüler im Austausch mit anderen? Wie ist die Stimmigkeit ihrer Beschreibungen?
- Ergebnis der Erkundung (3): Wie haben sie den Auftrag aufgenommen und umgesetzt? Haben sie die entsprechenden Elemente und Situationen wahrgenommen und festgehalten? Wie haben sie die räumlichen Bezüge beschrieben und dargestellt?
- Wie gelingt es den Schülerinnen und Schülern, im vertrauten Raum mit dem Ortsplan umzugehen? (4) Können sie den Standpunkt ihrer Wohnung und der Schule auf dem Plan erkennen? Welche Elemente nehmen sie bei der Begehung auf und übertragen sie die Elemente „aus dem Gelände" richtig in den Plan? Welche Informationsdichte enthält ihre „Kartierung"?
- Wie gestalten die Schülerinnen und Schüler ihren Plan mit Besonderheiten? (5) Welche Besonderheiten erfassen sie und wie stellen sie diese dar? Wie gestalten sie die Legende und wie benennen sie die verschiedenen Merkmale?
- Wie kommentieren die Schülerinnen und Schüler „ihren Lernzuwachs"? (6) Welche Elemente, Situationen, Prozesse nehmen sie dabei auf und wie kennzeichnen und beschreiben sie diese? Gehen sie dabei bereits auf Aspekte wie räumliche Lagebezüge, Verzerrungen o.Ä. ein?

Materialien:
Adamina, M. & Wyssen, H.-P. (2005): *Panorama, Raum und Zeit. Themenheft, Klassenmaterialien und Hinweise für Lehrerinnen und Lehrer.* Bern.

6.3.2 Beispiel für die Jahrgangsstufe 3/4: Vorstellungen und Bilder zur Erde

Lernsituation/ Ausgangslage:
Die Schülerinnen und Schüler haben aus ganz unterschiedlichen Bezügen – außerschulisch und schulisch – Vorstellungen zu räumlichen Situationen auf der Erde entwickelt und ihre Bilder zu verschiedenen Natur- und Lebensräumen auf der Erde konstruiert. Sie haben auch bereits Erfahrungen mit unterschiedlichen Informationsmitteln wie Karten der Erde, Luftbildern, Bildern oder Filmen über Landschaften und Lebensräume. Schwerpunkt dieser Lernsituation ist es, die Vorstellungen, Bilder, Konzepte und Konstruktionen der Schülerinnen und Schüler bewusst zu machen, sie darzulegen und durch den Austausch mit andern sowie durch die gezielte Auseinandersetzung mit verschiedenen Informationsmitteln zu klären und weiterzuentwickeln.

Aufgaben und Aufträge:
– Die Schülerinnen und Schüler stellen ihre Vorstellung „Mein Bild der Erde" vor. Es steht ihnen dabei frei, ob sie „ihr Bild der Erde" als Karte malen oder als Modell darstellen. Sie legen zudem aufgrund ihrer bisherigen Erfahrungen dar, was ihnen für die Beschreibung der Erde als wichtig erscheint. (1)

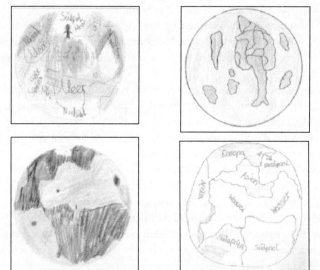

Abb. 4: Darstellungen „Mein Bild der Erde" von Schülerinnen und Schülern der 4. Jahrgangsstufe

– Nach diesem ersten Auftrag bringen sie ihnen bekannte Darstellungen zur Erde mit in die Schule, gestalten eine Art Ausstellung zu „Erddarstellungen" und

ordnen dazu die verschiedenen Darstellungen nach selbst gewählten Gesichtspunkten. (2)
- In der Klasse wird eine Führung durch die Ausstellung organisiert, in der einzelne „Objekte" und Darstellungen vorgestellt und besprochen werden. Es können ergänzend zusätzliche Darstellungen unterbreitet werden sowie die eigenen Darstellungen (siehe 1) einbezogen werden. (3)

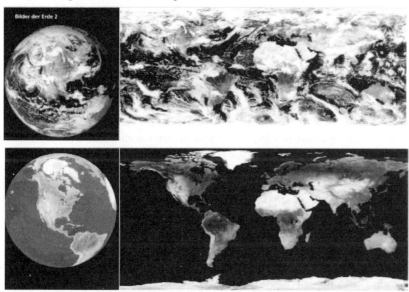

Abb. 5: Bilder der Erde (Darstellungen aus dem Lehrmittel „RaumZeit")

- Anschließend wird in der Klasse festgelegt, nach welchen Gesichtspunkten die verschiedenen Darstellungen verglichen werden können. Anhand dieser Kriterien geschieht eine Analyse der Ausstellung. (4)
- Zudem stellen die Schülerinnen und Schüler Fragen zusammen, die sich ihnen während des Bearbeitens stellen. Diese werden in einer Austauschrunde aufgenommen und noch ergänzt (z.B. Gibt es ein „oben" und ein „unten" der Erde? Wie „krumm bzw. gekrümmt" ist die Erde? Ist die Erde ganz rund? Warum können wir auf der Erde stehen und fliegen nicht weg von der Erde, warum fällt alles immer wieder zurück auf die Erde, warum können wir nichts in den Himmel werfen? Stehen die Menschen auf der anderen Seite der Erde „auf dem Kopf"? Wo auf der Erde hat es viele Wolken, wo hat es fast keine bzw. fast nie Wolken? Wie haben Astronauten die Erde gesehen?). (5)
- In Gruppen werden je zwei Fragen ausgewählt und bearbeitet. Die Schülerinnen und Schüler suchen sich Informationen eigenständig – zwischendurch

finden „Austausch- und Beratungsgespräche" statt. Sie stellen ihre Ergebnisse zusammen und in einer Austauschrunde vor – auftretende Fragen werden gemeinsam erörtert. (6)
- Abschließend fasst jedes Kind seine Ergebnisse in einer „Forschermappe" zu „Mein Bild/ meine Bilder der Erde" zusammen und kommentiert diese aufgrund der gemachten Erfahrungen (z.b. das habe ich neu gelernt, das hatte ich mir bisher anders vorgestellt). Verschiedene Orientierungsmuster und Vorstellungshilfen zur Erde und zu unseren Vorstellungen werden aufgebaut und eingeordnet. (7)

Ergänzende Möglichkeiten/ vergleichbare Alternativen:
- Vergleich verschiedener historischer Vorstellungen und Vergleich mit den Vorstellungen von heute (s. dazu auch Materialien)
- Arbeit mit verschiedenen Kinder- und Schulatlanten und mit Globen: Wie wird die Erde als Ganzes dargestellt? Wie werden verschiedene Gebiete der Erde dargestellt (z.b. die polaren Gebiete, die verschiedenen Kontinente)?
- Gemeinsame Gestaltung einer Bodenlegekarte (mit verschiedenen Bildern, Gegenständen u.a.) der Erde
- Wie wir uns Räume und die Lebenssituation von Menschen in uns fremden Gebieten der Erde vorstellen (z.B. in verschiedenen Gebieten Afrikas, in subpolaren Gebieten). Wie Menschen in anderen Gebieten der Erde ihren Lebensraum und ihre Lebenssituation selber sehen (z.B. dargestellt in Porträts zu Lebenssituationen in fernen Gebieten) und wie z.wir uns über Räume und die Lebenssituation von Menschen in anderen Gebieten informieren und Vergleiche zur eigenen Umgebung und Lebenssituationen anstellen können.
- Als Möglichkeit für eine Lernsituation über einen längeren Zeitraum in der Grundschule können die Kinder „Meine eigene Weltkarte" aufbauen und gestalten. Diese wird nach und nach aufgrund von neuen Erfahrungen und Erkenntnissen gestaltet. Die Schülerinnen und Schüler ergänzen, korrigieren und verändern sie kontinuierlich und/ oder gestalten zusätzliche Darstellungen u.a.

Unterstützte Kompetenzen:
Schülerinnen und Schüler können:
DAH GEO 1:
- Vorstellungen zu räumlichen Situationen in ihrer Nähe und Ferne beschreiben und darlegen, welche Erfahrungen und „Vor-Bilder" zu diesen Vorstellungen geführt haben
- eigene Erfahrungen und Vorstellungen von räumlichen Situationen mit unterschiedlichen Darlegungen in Medien (z.B. Weltkarten, Kinderatlanten, Globen; Bilder, Texte und Graphiken von Räumen in Comics, in Sachbüchern, in Kinderzeitschriften) vergleichen und dabei gezielte Überlegungen anstellen,

welche Vorstellungen unterschiedliche Darstellungsformen vermitteln und was sie bedeuten können

DAH GEO 3:
- auf Weltkarten und Globus bzw. mithilfe elektronischer Darstellungsmittel (Satellitenbilder, Google Earth) grundlegende räumliche Merkmale (z.b. Kontinente, Meere, ausgewählte Länder) auffinden und beschreiben

DAH GEO 4:
- aufgrund von Erfahrungen und Einblicken persönliche Vorstellungen als eigene Orientierungsmuster von räumlichen Situationen und zu Beziehungen zur Umwelt zusammenstellen (z.b. eine persönliche Welt- bzw. Europakarte, „mein Globus", „meine Unterwegs- und Freizeitkarte", „mein ökologischer Fußabdruck"), darstellen (z.b. in Skizzen oder durch einfache Strukturbilder) und diese im Austausch mit anderen kommentieren und persönlich beurteilen
- die Lage und den räumlichen Zusammenhang kennzeichnender Raummerkmale mit Hilfe von Hilfsmitteln (z.B. Globus, Weltkarten, Landkarten) lokal bis global beschreiben (z.b. Verteilung von Kontinenten und Meeren, Gebirge und Flüsse in Europa, Deutschland oder der Region)
- räumliche Bezugspunkte und Dimensionen miteinander in Beziehung setzen (Wohnort, Kreis/ Region, Bundesland, Deutschland, Europa, Kontinente, Welt) sowie räumliche Proportionen ansatzweise einordnen
- in einfachen modellartigen Darstellungen (z.B. Kartenskizzen, Netzplan, Sandkastenmodell, Globus, Modell von Sonne-Erde-Mond) räumliche Merkmale und Situationen darstellen, dabei selber Repräsentationsformen finden sowie Lagebezüge und räumliche Proportionen angemessen in den Darstellungen, Modellen eintragen
- aufgrund von Erfahrungen und Einblicken persönliche Vorstellungen als eigene Orientierungsmuster von räumlichen Situationen und zu Beziehungen zur Umwelt zusammenstellen (z.B. eine persönliche Welt- bzw. Europakarte, „mein Globus", „meine Unterwegs- und Freizeitkarte", „mein ökologischer Fußabdruck") und diese im Austausch mit anderen kommentieren und persönlich beurteilen

TB GEO 3:
Grundlegend bezieht sich die Unterstützung von Kompetenzen auf die Bereiche DAH GEO 1, 3 und 4. Zudem können auch folgende Kompetenzen ansatzweise gefördert werden:
- sich aufgrund von Berichten in Medien (z.B. Kinder- und Jugendsachbücher, Kinderserver im Internet) informieren, wie unterschiedlich Menschen in anderen Räumen leben und was ihren Alltag prägt

- sich ansatzweise gedanklich in andere Lebenssituationen versetzen, ihre Vorstellungen dazu beschreiben und Situationen aus anderen Blickwinkeln erörtern (z.B. Was bedeutet es für....?)
- Vergleiche zwischen verschiedenen Lebenssituationen in anderen Räumen der Erde und der eigenen Lebenssituation anstellen, Unterschiede festhalten und über Ursachen für diese Unterschiede und auch Ungleichheiten nachdenken
- Vorstellungen und Beziehungen zum eigenen Lebensraum und zu Gebieten und Bevölkerungsgruppen in fernen Räumen darlegen und beschreiben (z.B. was sie anspricht, fasziniert, was für sie bedeutsam ist bzw. was ihnen fremd ist, was Vorbehalte erzeugt)

Hinweise, wie Kompetenzentwicklungen sichtbar werden und auch beurteilt werden können:
- Wie ist die Darstellung der Erde am Anfang (1) (z.B. bzgl. der Darstellungsform, räumliche Elemente, Lagebezüge, Projektionsarten) und wie verändert sie sich?
- Wie geschieht die Präsentation und Kommentierung bei der Führung durch die Ausstellung? (3)
- Vergleich verschiedener Darstellungen (4): Welche und wie viele Gesichtspunkte berücksichtigen die Schülerinnen und Schüler bei ihren Vergleichen?
- Fragen nachgehen (5): Wie werden Fragen aufgenommen und bearbeitet? Werden geeignete Informationsmittel einbezogen und sachgemäß bearbeitet? Wie werden Ergebnisse dargestellt und präsentiert? Geschehen das Aufwerfen der Fragen und die Suche nach Antworten selbstständig? Wie werden Lernschritte und die Entwicklung von Vorstellungen kommentiert?
- „Mein Bild/ meine Bilder der Erde" – Darstellungen und Kommentare (7): Was wird wie dargestellt? Sind die Darstellungen sachgemäß? Gelingt eine angemessene Reflexion über Vorstellungs- und Konzeptentwicklungen (als eine Art Selbstbeurteilung)?
- Gelingt den Kindern der Aufbau von Orientierungsmustern? (Kennen sie die Verteilung von Kontinenten und Meeren? Können sie unterschiedliche „Landschaftszonen" wie z.B. kalt – heiß, trocken – feucht zuordnen? Sind sie in der Lage, auf dem Globus oder auf Landkarten räumliche Bezugspunkte und Proportionen einzuordnen, wie z.B. Wohnort, Kreis/ Region, Bundesland, Deutschland, Europa, Kontinente, Welt)?

Materialien:
- Erd-/ Weltdarstellungen und Darstellungen aus verschiedenen Gebieten, welche die Schülerinnen und Schüler mitbringen;
- Verschiedene Kinder- und Schulatlanten, Globus, Sachbücher;
- Adamina, M. & Wyssen H.-P. (2005). *RaumZeit – Raumreise und Zeitreise, ab 3. Schuljahr.* Bern. (Legeset, Klassenmaterial und Hinweise für Lehrpersonen). Darin finden sich u.a.:

- Wie andere Kinder die Welt sehen (Darstellungen aus Dänemark, Kirgistan, Australien, Singapur, Ghana und aus Nicaragua)
- verschiedene Bilder der Erde
- Duprat, G. (2009). *Seit wann ist die Erde rund? Wie sich Völker unseren Planeten vorstellten.* München. Darin finden sich u.a. Bilder zu Vorstellungen zur Erde aus früheren Zeiten und aus verschiedenen Kulturen.

6.4 Beispielhafte Lernsituationen aus der historischen Perspektive

6.4.1 Beispiel für die Jahrgangsstufe 1/2: Schule früher

Lernsituation/ Ausgangslage:
Schülerinnen und Schüler entdecken in den ersten zwei Schuljahren, dass es ein „Früher" gibt und dass dieses nicht mit der Welt in Märchen oder Sagen gleichzusetzen ist. Sie machen sich ein Bild davon, was „wirklich" war und was Phantasie ist. Sie beginnen auch damit, sich eine zeitliche Vorstellung zu machen, wie es war, als die Eltern oder Großeltern Kinder waren. All diese Begegnungen können im Unterricht aufgenommen werden, und durch bewusstes Vergleichen von Bildern oder Erzählungen kann begonnen werden, an der historischen Methoden-/ Medienkompetenz zu arbeiten. Geeignete Themenbereiche sind hierfür das Alltagsleben in unterschiedlichen zeitlichen Epochen.

Aufgaben und Aufträge:
1) Bilder und Gegenstände aus verschiedenen Zeiten
- Die Schülerinnen und Schüler erhalten verschiedene Bilder, die Alltagssituationen aus den letzten ca. 50-70 Jahren zeigen und bearbeiten folgende Aufträge:
  - Welche Bilder sind von heute? Welche Bilder sind von früher? Woran erkennst du, aus welcher Zeit sie stammen?
  - Wähle ein Bild von heute aus. Was ist anders als früher?
  - Wähle eine Bild von früher aus. Was ist anders als heute? Beschreibe: Was hat sich verändert? Besprich mit einem anderen Kind, was du herausgefunden hast.
- Sie machen eine Materialsammlung zu einem gewählten Thema, wie z.B. „Schule früher und heute". Dazu erhalten sie folgende Aufträge:
  - Macht auf eurem Tisch eine Ausstellung mit eurem Schulmaterial. Entscheidet, welches Material Schülerinnen und Schüler heute haben müssen und welches weniger wichtig ist. Ordnet die Gegenstände entsprechend.
  - Aus einer Erzählung über die Schule vor 80 Jahren wird eine Materialliste erstellt (z.B.: Schulschachtel, Blechdose, Schwämmchen, Wischlappen, 2 Griffel, 5 Farbstifte, Schiefertafel, Zeichnungsheft, Schreibheft).

- Besprecht, wozu die Schülerinnen und Schüler die einzelnen Gegenstände gebraucht haben. Schaut euch im Klassenzimmer um. Worüber hätten die Kinder vor 80 Jahren gestaunt?

2) „Befragungen" von Personen und Gegenständen/ Erschließen von Informationen aus Sachtexten oder Erzählungen
– Die Schülerinnen und Schüler schreiben einen Brief an ihre Großeltern oder an Personen aus der Großelterngeneration mit Fragen zum Schulalltag oder zu den Spielsachen, mit welchen früher gespielt wurde. Auf dieser Grundlage werden folgende Aufträge bearbeitet bzw. folgende Fragen beantwortet – ergänzend können Informationstexte oder Kindersachbücher verwendet werden:
- Unterstreicht im Text die Spielsachen.
- Erzählt einander, was die Großeltern drinnen gespielt haben. Was ist gleich? Was ist anders?
- Erzählt einander, was die Großeltern draußen gespielt haben. Was ist gleich? Was ist anders?
- Überlegt gemeinsam: Wann hatten die Großeltern gemeinsam Zeit zum Spielen? Wo lebten die Großeltern als Kind (in der Stadt oder auf dem Land)? Woran könnt ihr das erkennen?
- Welche Unterschiede gibt es zur heutigen Schule? (z.B. Was wird unterrichtet? Wie saßen die Kinder? Welche Materialien gab es? Wie wurde belohnt oder bestraft?) – Was ist gleich geblieben?

3) Unterschiedliche Sichtweisen auf die Vergangenheit
Im Laufe des 2. Schuljahres erhalten die Schülerinnen und Schüler den Auftrag, sich an den ersten Schultag zu erinnern. Sie schreiben auf oder zeichnen, an was sie sich erinnern, als sie das erste Mal das Klassenzimmer betreten haben. Alle Erinnerungen werden vorgelesen, und jedes Kind hält für sich fest, worüber die anderen erzählen, das bei ihm selbst nicht vorkommt. Danach werden noch weitere Beteiligte (Lehrerinnen und Lehrer, Eltern, Verwandte, Hausmeister usw.) befragt. Gemeinsam wird dann überlegt, weshalb die Erzählungen unterschiedlich sind (z.B. durch Erinnerungslücken; durch Dinge, die nur einzelnen Personen geschehen sind oder für sie bedeutsam waren; durch die Tatsache, dass der Hausmeister nur bei bestimmten Situationen dabei war.) Anschließend entscheidet die Klasse, welche Erinnerungen in die Klassengeschichte aufgenommen werden und gestaltet diese.

Ergänzende Möglichkeiten/ vergleichbare Alternativen:
– Die Aufgaben und Aufträge können an unterschiedliche zeitliche Epochen angepasst werden. Bei 1) eignen sich verschiedene Alltagssituationen, wie z.b. Leben auf einem Bauernhof oder Kinderspiele bzw. Kinderarbeit.
– Viele Informationen können gut aus Kindersachbüchern entnommen werden, insbesondere zu länger vergangenen Zeitepochen, wie z.b. zur Frage, wie die Kinder zur Zeit der Ritter gelebt haben. Hierzu eignet es sich, zunächst Fragen so zu verteilen, dass immer 2-3 Kinder einem Aspekt nachgehen können. Solche Fragen können z.b. sein:
• Wie haben die Kinder gelebt?
• Mussten sie im Haushalt helfen oder arbeiten? Haben sie Freizeit gekannt?
• Was haben sie gelernt?
Anschließend nehmen sie sich die verschiedene Kindersachbücher (bzw. recherchieren im Internet) und suchen, ob sie Antworten zu diesen Fragen finden. Die Antworten stellen sie auf einem Plakat dar und erzählen den Mitschülerinnen und Mitschülern darüber.

Unterstützte Kompetenzen:
Schülerinnen und Schüler können:
DAH HIST 1:
– historische Veränderungen benennen und zielgerichtet nach ihren Ursachen fragen
– interessengeleitet konkrete historische Fragen entwickeln und sie sprachlich angemessen formulieren
– verstehen, dass eine historische Frage sich aus unserer gegenwärtigen Sichtweise ergibt
DAH HIST 2:
– beim Vergleich unterschiedlicher Quellen und Darstellungen zum gleichen Thema Gemeinsamkeiten und Unterschiede benennen
– unterschiedliche Aussagen in Quellen auf unterschiedliche Interessen, Erfahrungen, Wissen etc. zurück führen
– aus Quellen und Darstellungen Informationen entnehmen, die für die Beantwortung einer spezifischen historischen Frage wichtig sind
DAH HIST 3:
– mit den aus den Quellen und Darstellungen entnommenen Informationen eine sinnhafte und sprachlich angemessene Erzählung bilden
– eine schlüssige Antwort auf historische Fragen geben
– die gewonnenen historischen Erkenntnisse in eine angemessene Form umsetzen (z.B. in einem Text, einer Ausstellung, einer Collage, einem Film)

TB HIST 2:
- die Fremdheit vergangenen Lebens an konkreten Beispielen und im Vergleich mit ihrem eigenen Leben erkennen

TB HIST 3:
- an Gegenständen aus ihren eigenen Lebenswelten (insbesondere ihres Wohnortes) historische Veränderungen benennen

Hinweise, wie Kompetenzentwicklungen sichtbar werden und auch beurteilt werden können:
- Mit welcher Sicherheit gelingt es den Schülerinnen und Schülern, Bilder von früher und heute zu unterscheiden? Gelingt es ihnen zu erkennen, welche Darstellungen von heute sind, in denen aber Situationen von früher dargestellt werden?
- Wie gut erkennen die Schülerinnen und Schüler die wichtigsten Veränderungen zwischen früher und heute (auf Bildern oder bei Gegenständen)?
- Ziehen die Schülerinnen und Schüler mehrere Informationsquellen heran, um Antworten zu bekommen?
- Kommen die Schülerinnen und Schüler zu logischen Antworten, die auch tatsächlich in den Informationsquellen enthalten sind?
- Werden Unterschiede in den verschiedenen Quellen entdeckt?
- Wie gut gelingt es den Schülerinnen und Schülern, sich für eine Deutung zu entscheiden und diese zu begründen?
- Wie gelingt es den Schülerinnen und Schülern, die Quellen (Texte, Bilder, Gegenstände) in eine historische Abfolge zu bringen? Welche Argumente benutzen sie hierbei?

Materialien:
Adamina, M. & Wyssen, H.-P. (2005): Panorama – Raum, Zeit und Gesellschaft (ab 2. Schuljahr); Themenheft, Klassenmaterial und Hinweise für Lehrpersonen. Bern.
Kalcsics, K. & Mutti, I. (2011): Wir erforschen die Vergangenheit. *4bis8 Fachzeitschrift für Kindergarten und Unterstufe.* 1/2 S. 28/29.

6.4.2 Beispiel für die Jahrgangsstufe 3/4: Die Geschichte unseres Schulortes

Lernsituation/ Ausgangslage:
Schülerinnen und Schüler kommen in außerschulischen Zusammenhängen normalerweise recht häufig mit Geschichte in Kontakt – sie haben in der Regel bereits historische Gebäude (wie Burgen, Stadtmauern, Kirchen) wahrgenommen, ein Museum besucht, ein historisches Sachbuch angeschaut oder mit historisierendem Spielzeug gespielt. Sie wissen, dass früher nicht alles genau so war wie heute. Der eigene Ort bietet sich an, um zu erkunden, wo sich heute noch Spuren der Vergangenheit finden lassen und wie man etwas über diese Vergangenheit und die Ursachen von Veränderungen herausfinden kann.

Aufgaben und Aufträge:
- Die Schülerinnen und Schüler gehen mit Digitalkameras auf einen (vorab in seinem Umfang festgelegten) Stadtspaziergang. Dabei sollen sie ihr Augenmerk auf historische Spuren im Stadtbild lenken und schließlich einen Ort (Gebäude, Platz, Straße...) fotografieren, der ihnen besonders interessant erscheint bzw. über dessen Geschichte sie mehr herausfinden möchten.
- In der Klasse werden die Fotos zu einer Ausstellung zusammengestellt. Die Schülerinnen und Schüler stellen ihre Auswahl den anderen vor und begründen sie. Sie benennen auch die Fragen, die sie an „ihren" Ort haben.
- Die Lehrperson sammelt die Fragen an der Tafel und regt die Schülerinnen und Schüler dazu an, darüber nachzudenken, wie man Antworten auf diese Fragen finden kann. Die eigentliche Beantwortung soll jedoch erst im zweiten Schritt folgen. Zunächst geht es um eine Klassifikation der Fragen. Es gibt
  1. historische Fragen
     Diese kann man durch weitere Informationen beantworten (man fragt den Hausbesitzer, warum die Tür so schief ist; man geht ins Archiv, um herauszufinden, wer früher auf der Burg gelebt hat; man geht noch einmal zum ausgewählten Gebäude und schaut nach, ob die Jahreszahl der Erbauung eingemeißelt ist)
  2. nicht-historische Fragen
     Diese können durchaus auch interessant sein, haben jedoch keinen historischen Bezug (z.B. Wie hoch ist der Kirchturm? Wie viel verdient der Museumsangestellte? Darf man auf die Stadtmauer klettern?)
- Durch die ‚Aussortierung' der Fragen der 2. Kategorie wird den Schülerinnen und Schülern deutlich, dass historische Fragen darauf abzielen, Unterschiede zwischen der Vergangenheit und der Gegenwart zu erkunden bzw. zu erforschen.
- Die Schülerinnen und Schüler suchen auf ein oder zwei Fragen Antworten (z.B. in Sachbüchern, im Internet, durch Befragung von Lehrpersonen oder Eltern) und ergänzen damit die Ausstellung.
- Komplexe Fragen werden ‚klein gearbeitet', d.h. in mehrere Fragen untergliedert. Um herauszufinden, warum der Friedhof an diesem Ort ist, muss man zunächst herausfinden, wann er angelegt worden ist und von wem. Dann fragt man, wo vorher die Toten bestattet worden waren und warum eine Veränderung notwendig geworden war... Auf diese Weise bleibt für die zweite Präsentationsrunde niemand ohne Antwort, es wird aber auch verdeutlicht, dass viele Fragen oft weitere nach sich ziehen, deren Bearbeitung zur Beantwortung der Ursprungsfrage notwendig ist.

Ergänzende Möglichkeiten/ vergleichbare Alternativen:
- historische Quellen befragen (z.B. Gegenstände in einem Museum, alte Fotos oder andere Bilder im Klassenraum)

- ein besonderes Gebäude (wie z.B. ein Schloss, einen großen Bauernhof) befragen, z.b. auf der Klassenfahrt

Unterstützte Kompetenzen:
Schülerinnen und Schüler können:
DAH HIST 1:
- interessengeleitet konkrete historische Fragen entwickeln und sie sprachlich angemessen formulieren

DAH HIST 2:
- Wege aufzeigen, wie sie für ihre historische Frage geeignete Quellen und Darstellungen suchen und finden können
- mit Rückbezug auf eine eingangs gestellte historische Frage in den Quellen und Darstellungen relevante von irrelevanten Informationen unterscheiden
- aus Quellen und Darstellungen Informationen entnehmen, die für die Beantwortung einer spezifischen historischen Frage wichtig sind

TB HIST 3:
- an Gegenständen aus ihren eigenen Lebenswelten (insbesondere ihres Wohnortes) historische Veränderungen benennen

Hinweise, wie Kompetenzentwicklungen sichtbar werden und auch beurteilt werden können:
- Wie gut begründen die Schülerinnen und Schüler ihre Fragen? Wie zielgerichtet, sinnvoll und gut formuliert sind die Fragen, die sie stellen?
- Erkennen sie den Unterschied zwischen historischen und nicht historischen Fragen?
- Erkennen sie, dass sich eine historische Frage auf den Unterschied zwischen der Vergangenheit und der Gegenwart bezieht?
- Welche Ideen haben sie zur Beantwortung von Fragen? Wie realistisch sind diese?
- Gelingt es ihnen, Wege zu finden, wie komplexe Fragen handhabbar gemacht und evtl. sogar beantwortet werden können?

6.5 Beispielhafte Lernsituationen aus der technischen Perspektive

6.5.1 Beispiel für die Jahrgangsstufe 1/2:
Werkzeuge nutzen und etwas herstellen

Lernsituation/ Ausgangslage:
Das Nutzen von Technik ist häufig auf das Bedienen komplexer Systeme, wie z.b. Handy und Computer, bezogen. Im Umgang mit Werkzeugen und Materialien haben Kinder dagegen die Möglichkeit, sich am Beispiel überschaubarer technischer Handlungen selbst als Wirkende und Herstellende zu erleben, wichtige Kompetenzen für den Alltag zu erwerben und die Bedeutung von Werkzeugen für unsere technische Welt einschätzen zu lernen. Vor dem Hintergrund einer Lebenswelt, die es vielen Kindern erschwert, elementare und praktische Erfahrungen zu machen, kommt diesem Themenbereich eine besondere Bedeutung zu. Zudem können die Kinder wichtige Kompetenzen wie Arbeitsplanung, -organisation und -bewertung erwerben – ebenfalls Kompetenzen, die im Alltag von Bedeutung sind.

Die vorgestellten Unterrichtsideen zielen auf den Aufbau inhaltlicher und prozessbezogener Kompetenzen. Das Umgehen mit dem Werkstoff Holz und holzbearbeitenden Werkzeugen, sowie das Reflektieren über Arbeitsprozesse eignet sich hierfür besonders, da dieser Werkstoff und die entsprechenden Werkzeuge für Kinder gut zugänglich sind und vielfältige Kompetenzerlebnisse ermöglichen, über die Interesse an Technik und technischen Arbeitsweisen geweckt werden kann.

Die folgenden Aufgaben geben den Kindern entsprechend Gelegenheit, den Umgang mit gebräuchlichen holzbearbeitenden Handwerkzeugen wie Hammer, Säge, Kneifzange, Raspel, Feile, Handbohrer und Messwerkzeugen zu erlernen, mit deren Hilfe einfache Werkstücke aus Holz herzustellen, über die Arbeitsweise von Werkzeugen, deren Erfindung und Einsatz im Alltag sowie über Arbeitsprozesse nachzudenken.

Aufgaben und Aufträge:
1. Vor Beginn des Unterrichts kündigt die Lehrperson das Thema Werkzeuge an und bittet die Kinder, verschiedene Werkzeuge mit in den Unterricht zu bringen. Im Gespräch wird geklärt, welche Werkzeuge die Kinder bereits kennen, bei welchen Arbeiten die Werkzeuge benutzt werden, und mit welchen Werkzeugen die Kinder selbst schon einmal gearbeitet haben. Die Kinder halten dazu Werkzeuge, die sie bereits kennen, mit der entsprechenden Bezeichnung auf einem Plakat fest. Ein weiterer Auftrag könnte sein, zu erkunden, in welchen Gegenständen des Alltags Holz verarbeitet ist, und in welcher Form Holz dort vorkommt.

2. Die Kinder stellen zunächst ein Werkzeug selbst her, das sie im folgenden Unterricht gebrauchen werden: Sie bauen eine Schleifpapier-Feile. Dazu wird eine Holzleiste mit Schleifpapier umspannt; diese wird auf dem Holz mit Heftzwecken befestigt. An diesem Bespiel lernen die Kinder, dass Werkzeuge einen Griff und ein Wirkteil haben. Im Umgang mit der Schleifpapierfeile entdecken sie den Vorzug eines Griffs (vgl. Abb. 6).

Abb. 6: Eine Schleifpapierfeile mit Griff

3. An verschiedenen Stationen üben die Kinder den Umgang mit den Werkzeugen Hammer, Feinsäge, Kneifzange, Anschlagwinkel und der selbst gebauten Schleifpapier-Feile. Im Anschluss daran haben sie den Auftrag, ein erstes kleines Werkstück, eine Nageltreppe zu bauen (vgl. Abb. 7). Dazu müssen sie in Partnerarbeit eine Leiste in zwei etwa gleich lange Teile sägen und diese zunächst mit der Schleifpapierfeile bearbeiten, um das Holz zu glätten. Anschließend sind die Nägel in annähernd gleichem Abstand einzuschlagen. Die Höhe der herausstehenden Nägel soll variiert werden; sie soll wie bei einer Treppe kontinuierlich ansteigen. Dabei üben die Kinder das kontrollierte Einschlagen von Nägeln. Das Werkstück scheint auf den ersten Blick zwar einfach, fördert aber neben basalen handwerklichen Kompetenzen auch die Auseinandersetzung mit Fragen wie „Wie finde ich die Mitte der Leiste?", „Wie lege ich den Anschlagwinkel an die Leiste an?", „Wie bekomme ich einen geraden Schnitt mit der Säge hin?" Für ihre gelungene Arbeit erhalten die Kinder einen ersten Werkzeugführerschein, der zum Umgang mit diesen Werkzeugen in der Freiarbeit berechtigt.

Abb. 7: Bei der Nageltreppe lernen die Kinder den Umgang mit dem Hammer.

4. In einer weiteren Stationenarbeit üben die Kinder den Umgang mit Holzzwingen, Raspeln und Feilen, Schraubendreher und Nagelbohrer und fertigen ein weiteres Werkstück, z.B. eine Schnecke, an. Nach dem Anzeichnen sägen die Kinder dazu nach dem Einspannen von einer Leiste ein passendes Stück ab und gestalten die Form einer Schnecke mit der Raspel und danach mit der feiner arbeitenden Feile. Mit dem Handbohrer und dem Schraubendreher werden Fühler angebracht. Die erworbenen Kompetenzen werden mit einem weiteren Werkzeugführerschein zurückgemeldet.
5. In der zweiten Klasse sollen die Kinder ein Fahrzeug aus Holz erfinden und dabei den erlernten Umgang mit den Werkzeugen und das Fertigen von Gegenständen weiter üben: z.B. ein vom Wind angetriebenes Segelschiff. Mit den Kindern wird dazu zunächst erarbeitet, dass das Schiffchen vorne eine Spitze und ein Segel benötigt (das kann in einem Experiment überprüft werden: Ein Brett mit Spitze und ein Fahrzeug ohne Spitze durch Wasser schieben; ein Boot mit Segel und eines ohne mit einem Föhn im Wasser antreiben). Die Ausgestaltung des Schiffes und die Anforderungen an seine Funktion (es muss gut auf dem Wasser liegen, soll nicht umkippen, darf nicht so schwer sein, dass es untergeht, soll eine Reling haben, damit niemand herunterfällt, eine Kajüte usw.) werden zusammen erarbeitet. Nachdem die Lehrkraft gezeigt hat, wie mit Hilfe einer Schablone eine Spitze gesägt werden kann, gehen die Kinder an die Arbeit. Zuvor haben sie sich die Reihenfolge der Fertigungsschritte überlegt und ihren Arbeitsplatz eingerichtet. Die einzelnen Arbeitsschritte führen sie mit gegenseitiger Hilfe durch. Die fertig gestellten Schiffchen werden an-

schließend verglichen, getestet und auf ihre Funktionstauglichkeit hin bewertet. Dabei lernen die Kinder, ihren eigenen Arbeitsprozess einzuschätzen und sich selbst zu bewerten (vgl. Abb. 8).

Abb. 8: Beim Bau eines Schiffchens setzen die Kinder Feinsäge, Raspel, Feile, Nagelbohrer und den Hammer ein.

6. Am Beispiel eines Werkzeugs sollen die Kinder die Wirkungsweise und die Entwicklung von Werkzeugen kennenlernen. Gut geeignet ist hierfür z.B. der oben verwendete Bohrer. Die Kinder untersuchen, welches Teil des Handbohrers die Späne aus dem Holz schneidet und betrachten dazu genau die Schneide. Ein Vergleich zu einem Handbohrer aus der Steinzeit zeigt, dass die Schneide heute effektiver arbeiten kann, weil sie in einer Rille das abgetrennte Material aus dem Bohrloch transportiert und schärfer und haltbarer ist als ein abgeschlagener Stein. Auch das Anfassen des Wirkteils ist bei heutigen Handbohrern wesentlich einfacher, da der Handbohrer einen gut geformten Griff zum Drehen hat. Im Vergleich mit der Bohrmaschine entdecken die Kinder, dass bei dieser elektrischer Strom die Arbeit des Drehens des Bohrers übernimmt und Löcher mit wesentlich weniger Anstrengung gebohrt werden können.

7. Die Kinder besuchen eine Baustelle, auf der verschiedene Handwerker arbeiten (Maurer, Zimmermann, Schreiner) und befragen diese nach den von ihnen benutzten Handwerkzeugen und Maschinen. Sie vergleichen dabei z.B. die Hämmer, die der Maurer und der Zimmermann benutzen, und lassen sich die Form der Hämmer erklären.

Ergänzende Möglichkeiten und mögliche Fortführungen:
Das Thema bietet verschiedene Möglichkeiten für eine Erweiterung der erworbenen Kompetenzen sowie für inhaltliche Fortführungen. Zum Beispiel können die Schülerinnen und Schüler zum Thema „Werkzeuge"
- in der Freiarbeit weitere Werkstücke herstellen, indem sie die eingeführten Werkzeuge nutzen
- eine Bauanleitung mit Zeichnung zu den von ihnen angefertigten Werkstücken erstellen
- Eltern in den Unterricht einladen, die einen Handwerksberuf haben, und diese über ihren Beruf und die dabei benutzten Werkzeuge befragen
- in einem Museum oder in einem Projekt Werkzeuge aus der Steinzeit kennen lernen, sie herstellen und damit arbeiten, diese mit den heutigen Werkzeugen vergleichen und Vorteile in der Entwicklung abschätzen

In Klasse 3 oder 4 können die Schülerinnen und Schüler ergänzend
- ausgehend von der Funktionsweise des Handbohrers die Weiterentwicklung von Werkzeugen zu Maschinen verfolgen, indem sie am Beispiel eines Handbohrers das Funktionsprinzip von Getrieben erarbeiten und die entdeckte Übersetzung ins Schnelle anschließend zur Erklärung der Funktionsweise des Getriebes beim Fahrrad nutzen (TB TE 2: Werkzeuge, Geräte und Maschinen)
- die durch diese Entwicklung hervorgerufenen Veränderungen bei Arbeitstätigkeiten beschreiben und bewerten
- die Entwicklung von Werkzeugen am Beispiel des Hammers von der Steinzeit bis heute nachverfolgen und an diesem Beispiel den Menschen als unermüdlichen Erfinder und Optimierer kennen lernen
- unterschiedliche Formen der Arbeitsorganisationen kennenlernen, indem bei der Erstellung eines Werkstücks (Lokomotive) Formen der Serien- und Einzelfertigung durchgeführt und miteinander verglichen werden

Unterstützte Kompetenzen:
Schülerinnen und Schüler können:
DAH TE 1:
- Fertigungsprozesse durchführen, indem sie die dafür benötigten Mittel bereit stellen, Fertigungsschritte planen, ihren Arbeitsplatz einrichten, die Planung umsetzen und gegebenenfalls auf Schwierigkeiten reagieren
- technische Lösungen erfinden bzw. nach-erfinden, d.h., einfache technische Problem- bzw. Aufgabenstellungen erfassen, entsprechende Ansätze für Lösungen entwerfen, realisieren und optimieren sowie dabei die zur Verfügung stehenden Mittel und Bedingungen berücksichtigen

DAH TE 2:
– einfache mechanische Gegenstände untersuchen und ihre Funktionsweisen erkennen

DAH TE 3:
– Werkzeuge, Hilfsmittel und einfache technische Maschinen sowie Geräte sachgemäß und sicher benutzen sowie mit Materialien sachgerecht umgehen

DAH TE 4:
– technische Problemlösungen im Hinblick auf den technischen Zweck, Materialökonomie und Originalität vergleichen und bewerten
– Veränderungen des Lebens durch veränderte Technik beschreiben und Vor- und Nachteile der Veränderung analysieren

DAH TE 5:
– Ideen für technische Lösungen, Konstruktionsergebnisse, Funktionszusammenhänge, Herstellungsprozesse sowie Arbeitsabläufe unter Nutzung von Sprache, Zeichnungen oder Demonstrationen verständlich vermitteln, diskutieren und dokumentieren
– Anleitungen lesen, verstehen und umsetzen sowie einfache Anleitungen selbst verfassen

TB TE 2:
– gebräuchliche Werkzeuge benennen, ihre Funktionsweise beschreiben und ihren Einsatzbereich darstellen sowie Werkzeuge verschiedenen Berufen zuordnen
– die Entwicklung und Optimierung von Handwerkzeugen (z.B. Hammer, Säge) sowie ihre Weiterentwicklung zu Maschinen (z.B. vom Handbohrer zur elektrischen Bohrmaschine, vom Waschbrett zur Waschmaschine) und die damit verbundenen Veränderungen für Arbeitstätigkeiten nachvollziehen und darstellen

TB TE 3:
– die Erkundung verschiedener Arbeitsstätten in der Umgebung vorbereiten, Fragen entwickeln, Antworten auswerten und Ergebnisse dokumentieren sowie verschiedene Formen der Arbeit identifizieren und vergleichen
– Arbeitsstätten und -prozesse früher und heute vergleichen, z.T. selbst praktisch nachvollziehen, nach Ursachen von Veränderungen suchen und Auswirkungen des technischen Wandels auf die Arbeit beschreiben

TB TE 5:
– Auswirkungen von Erfindungen auf das Leben und Arbeiten der Menschen in der jeweiligen Zeit erkennen und bewerten (z.B. bzgl. erwünschter und nicht erwünschter Auswirkungen) sowie die kulturelle Leistung von Erfindungen für unser Leben würdigen

Hinweise, wie Kompetenzentwicklungen sichtbar werden und auch beurteilt werden können:
- Umgang mit Werkzeugen: Gehen die Kinder sachgerecht und sicher mit den Werkzeugen um? Helfen sie sich dabei gegenseitig?
- Herstellen von Gegenständen: Arbeiten die Kinder planvoll und zielgerichtet? Wie organisieren sie ihren Arbeitsplatz? Sind sie in der Lage, bei Schwierigkeiten Alternativen zu entwickeln und zu realisieren? Sind sie in der Lage, auch bei Schwierigkeiten und Anstrengung ausdauernd zu arbeiten?
- Bewertung der eigenen Arbeit: Sind die Kinder in der Lage, ihren Arbeitsprozess und ihr Ergebnis realistisch einzuschätzen? Gelingt ihnen das Aufstellen und Berücksichtigen sinnvoller Bewertungskriterien?
- Analysefähigkeit: Können sie aus dem Vergleich von Werkzeugen früher und heute Schlüsse auf veränderte Arbeitsbedingungen ziehen?
- Darstellung der Ergebnisse: Sind sie in der Lage verständliche Bauanleitungen zu verfassen und über den Arbeitsprozess zu kommunizieren?

Materialien:
- Für die Durchführung der beschriebenen Aufgaben benötigte Werkzeuge und sonstige Materialien:
  • Werkzeuge: Hammer, Feinsäge, Kneifzange, Anschlagwinkel, Holzzwingen, Raspeln, Feilen, Schraubendreher, Nagelbohrer
  • Sonstiges Material: Holzleisten, Holzbretter, Abfallholzstücke, Nägel, Schrauben, Bindfaden, Schleifpapier; Abdeckplatten für die Schultische, falls kein Werkraum zur Verfügung steht

Eikmeyer, B. & Tenberge, C. (2012): Jetzt kann ich alleine sägen. *Grundschule: Sachunterricht, Nr. 54,* S. 8-17.
Eikmeyer, B. & Tenberge, C. (2012): Grundschulkinder an der Leistungsbewertung beteiligen. *Grundschule: Sachunterricht, Nr. 54,* S. 34-36
Eikmeyer, B. & Tenberge, C. (2012): Lokomotiven am Fließband. *Grundschule: Sachunterricht, Nr. 54,* S. 24-29.
Möller, K. (2012): Technisches Lernen fördern. Einleitung und Vorschlag für ein aufeinander aufbauendes Curriculum von Jahrgangsstufe 1 bis 4. *Grundschule: Sachunterricht, Nr. 54,* S. 1-3.
Möller, K. (1998): Kinder und Technik. In H. Brügelmann (Hrsg.): *Kinder lernen anders. Vor der Schule - in der Schule* (S. 89-106). Lengwil.
Schüler, H. (1999): Steinzeitwerkstatt (Materialsammlung) *Grundschulzeitschrift, 124,* S. 1-24.
Zolg, M. (2012): Vom Faustkeil zum Presslufthammer. In: *Grundschule: Sachunterricht, Nr. 54,* 2012, S. 30-33.
Zolg, M. (2001): Das Fahrrad – ein integratives Thema für den Sachunterricht. In: *Grundschulunterricht 2/2001,* Material, S. 1-16.

6.5.2 Beispiel für die Jahrgangsstufe 3/4: Was macht Brücken so stabil?

Lernsituation/ Ausgangslage:
Das Überqueren von Wasser, Schluchten und Sümpfen sowie von Wegen und Straßen ist ein Ziel, das Menschen seit jeher zum Entwerfen technischer Lösungen und zu neuen Erfindungen herausgefordert hat. Die örtlichen Gegeben-

heiten, die verfügbaren Materialien und Techniken sowie die zu realisierenden Ziele führten dabei zu den unterschiedlichsten Brückenkonstruktionen. Man kann Brücken anhand verschiedener Kategorien einteilen: nach ihrer Nutzung (durch Fußgänger, Autos, Eisenbahnen, Schiffe), nach der Lage (Brücke über einen Fluss, eine Schlucht, über das Meer, über eine Straße), nach den verbauten Materialien (Holz, Stein, Eisen, Stahl, Beton) oder nach der Konstruktion. Unter dem Gesichtspunkt der Konstruktion werden vier Grundtypen unterschieden: die Balkenbrücken, Fachwerkbrücken, Hängebrücken und Bogenbrücken. Balkenbrücken sind Kindern aus ihrem Alltag her normalerweise gut bekannt, z.B. als Holzbrücken für Fußgänger oder als Stahlbetonbrücken für den Autoverkehr. Auch ein Baumstamm, der im Spiel über einen Bach gelegt wird, stellt eine Balkenbrücke dar.

Was Bauwerke stabil macht und wie diese stabil konstruiert werden können, ist Gegenstand des Sachunterrichts in den Lehrplänen der meisten Bundesländer. Das Thema „Brücken bauen aus Papier" eignet sich für diesen Bereich besonders, da es nur einen geringen Materialaufwand erfordert und somit auch in Schulen mit weniger optimalen Ausstattungsbedingungen leicht zu realisieren ist. Die vorgestellten Unterrichtsideen zielen auf den Aufbau inhaltlicher und prozessbezogener Kompetenzen: Zum einen geht es darum, stabile Brücken zu konstruieren, die stabilitätsfördernden Prinzipien zu erkennen und in der Umwelt wieder zu entdecken; zum anderen sollen die Kinder lernen, technische Gebilde zu konstruieren und zu analysieren sowie technische Experimente zu planen, durchzuführen und auszuwerten.

Die folgenden Aufgaben zielen auf das Erkunden der wirkenden Kräfte in Balkenbrücken und das Entdecken der Bedeutung von Profilen in der gebauten Umwelt.

Aufgaben und Aufträge:
1. Vor Beginn der Unterrichtsreihe kündigt die Lehrperson das Thema „Brücken" an und fragt die Kinder, was sie schon über Brücken wissen und was sie herausfinden möchten. Die Kinder erhalten zudem den Auftrag, Brücken in ihrer Nähe (z.B. mit Hilfe eines Forscherbuchs) zu erkunden und eine Brücke auf einem Brückensteckbrief näher zu beschreiben und zu zeichnen.
2. Im Klassenzimmer werden die verschiedenen Brücken vorgestellt und im Hinblick auf Bauweise, Zweck und Material verglichen. Brücken, die aus einer flachen Fahrbahn und Stützen bestehen, nennt man Balkenbrücken. Diese sollen weiter untersucht werden (vgl. Abb. 8).

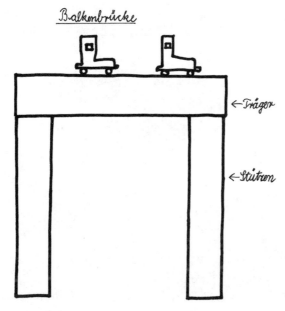

Abb. 9: Balkenbrücken sind vielen Kindern bekannt – was sie stabil macht, wird im Unterricht untersucht.

3. Zunächst sollen die Kräfte erkundet werden, die in Balkenbrücken wirken. Dazu belastet die Lehrperson mit den Kindern ein Brett, das auf zwei Auflagern liegt, bis es durchbricht. Deutlich ist zu beobachten, dass die Fasern zuerst an der Unterseite auseinanderreißen. An Schaschlikspießen, die langsam bis zum Zerbrechen durchgebogen werden, können die Kinder dieses noch einmal selbst beobachten. Ein Schaumstoffstreifen (oder ein Tafelschwamm) verdeutlicht das Drücken und Ziehen der Kräfte (vgl. Abb. 10).

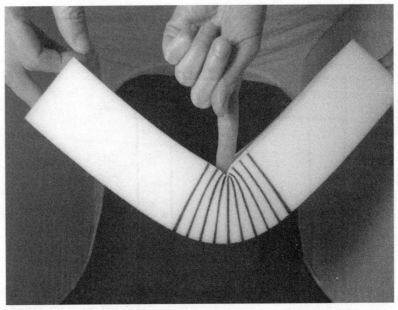

Abb. 10: Schaumstoffquader mit dessen Hilfe die Belastungskräfte bei Balkenbrücken modellhaft veranschaulicht werden

4. Es ergibt sich die Frage, wie sich die Stabilität der flachen Fahrbahn für eine größere Belastung erhöhen lässt. Die Kinder werden möglicherweise vermuten, dass eine dickere Fahrbahn stabiler ist. Zur Überprüfung dieser Vermutung können sie ein Experiment entwerfen: Zwei gleich lange und gleich breite Fahrbahnen aus demselben Material, die nur in der Dicke variieren, werden jeweils mittig belastet – die Fahrbahn aus dem dickeren Material erweist sich dabei eindeutig als belastbarer. Als Material für das Experiment eignen sich Sperrholzleisten unterschiedlicher Dicke oder aufeinander geklebte Pappstreifen.
5. Für Brücken eignet sich das Prinzip der Vergrößerung der Fahrbahndicke natürlich nur begrenzt zur Erhöhung der Stabilität, da bei zu hohem Eigengewicht die Bauweise unökonomisch würde. Daher wird nun die Frage aufgeworfen, wie sich die Stabilität einer Balkenbrücke vergrößern lässt, *ohne* die Materialmenge zu verändern. Die Kinder erhalten die Aufgabe, *ein* DIN A4-Blatt Papier so zu bearbeiten, dass 25 cm überbrückt werden und die Fahrbahn in der Mitte möglichst viele (gleich große) Bauklötze tragen kann. Als Auflager können Bauklötze o.ä. genutzt werden. Die Kinder können Schere und etwas Klebstoff hinzunehmen oder aber auch nur mit Faltungen arbeiten. Häufige Lösungen sind Doppel- bzw. Mehrfachfaltungen, Zickzackfaltungen und Brü-

cken mit Rändern. Die Zickzackbrücken erweisen sich am stabilsten – für die Kinder zumeist ein erstaunliches Ergebnis.

6. Welchen Einfluss haben hochgebogene Ränder bei einer Brücke? Die Funktion der sog. Seitenprofile erkunden die Kinder durch ein technisches Experiment: Dazu werden drei gleich breite (ca. 7 cm) und gleich lange Brückenfahrbahnen (ca. 30 cm) mit unterschiedlich hohen Kanten (z.B. 2, 3 und 4 cm Kantenhöhe) aus Tonzeichenpapier hergestellt (empfehlenswert sind 130 g/qm). Die Kinder testen die Brücken auf ihre Belastbarkeit durch mittig aufgelegte Bausteine (s. Abb. 11). Die Brücke mit der größten Seitenhöhe erweist sich am stabilsten. Welch große Wirkung bereits ein kleines Seitenprofil von ca. 0,3 cm hat, beobachten die Schüler bei dem Belastungstest eines dünnen Holzbrettes, an das nachträglich eine kleine Leiste von ca. 0,3 mm geleimt wird.

Abb. 11: Überprüfung der Bedeutung des seitlichen Profils für die Tragfähigkeit von Brücken

7. Die Kinder erhalten die Aufgabe, in ihrer Umwelt nach Gegenständen zu suchen, die durch Profile stabil sind (z.B. Grashalm, Palmblatt, Knochen mit Röhrenprofil, Wellblechdach, Wellpappe, Fahrradrahmen, Stuhl- oder Tischbein mit einem Rundprofil, T-Träger unter Brücken) (vgl. Abb. 12).

Abb. 12: Profile zur Erhöhung von Tragfähigkeit und Stabilität in Natur und Technik: Wellpappe, Wellblechdach, Palmblätter

Ergänzende Möglichkeiten/ vergleichbare Alternativen:
Das Thema bietet viele Möglichkeiten für individuelle Schülerarbeiten und inhaltliche Fortführungen. Zum Beispiel können die Schülerinnen und Schüler
- mit der Fotokamera auf Entdeckung in ihrer Umwelt gehen und Balkenbrücken sowie Profile in ihrer Umgebung suchen und ihre Ergebnisse in einer Dokumentation festhalten
- die Weiterentwicklung von Balkenbrücken zu Fachwerkbrücken verfolgen. Dazu stellen die Kinder ein Gedankenexperiment an: Wenn man die Seitenkante der Fahrbahn immer höher machen würde, müsste die Balkenbrücke noch wesentlich stärker belastet werden können. In der Wirklichkeit findet man Brücken, die Balkenbrücken mit hohen Seitenkanten ähneln, sog. Fachwerkbrücken. Die Seitenflächen sind aber durchbrochen, um das Eigengewicht der Brücke zu verringern; das sog. Fachwerk ist aus Streben gebaut. Im Experiment kann eine aus Tonpapier gefertigte Fachwerkbrücke mit einer Balkenbrücke – beide mit einem gleich großen Träger versehen – im Hinblick auf ihre Belastbarkeit verglichen werden. Die Fachwerkbrücke erweist sich als wesentlich stabiler.
- erkunden, warum die Streben bei Fachwerkhäusern, Brücken und weiteren Fachwerkgebilden (wie z.B. bei einem Kran) schräg eingesetzt sind. Hierzu wird eine rechteckig verstrebte Fachwerkbrücke mit einer solchen mit dreieckiger Verstrebung verglichen. Letztere erweist sich als deutlich belastbarer – ein Unterricht zur Funktion des stabilen Dreieckes mit dem Bau eines Fachwerkturmes und dem Erkunden von weiteren stabilen Dreiecken in der Umwelt

(Strommasten, Gerüst, Fahrradgestell, Regal mit Dreiecksverbindung, Fachwerkhäuser) kann sich hier anschließen
- einen Brückenwettbewerb veranstalten: Aus einer vorgegebenen Anzahl von DIN A4-Papierblättern (z.b. zwei) soll eine möglichst belastbare Brücke mit einer Spannweite von mind. 25 cm gebaut werden. Band, Kleber und Schere werden zur Verfügung gestellt
- in selbstständiger Arbeit Informationen über berühmte Brücken oder über historische Brückenbauer in einer Portfolioarbeit sammeln
- weitere Brückentypen untersuchen, Informationen darüber sammeln, eine Ausstellung dazu vorbereiten oder kleine Vorträge dazu halten

Unterstützte Kompetenzen:
Mit dieser Lernsituation werden in vielfältiger Weise technische Denk-, Arbeits- und Handlungsweisen sowie inhaltliche Kompetenzen gefördert. Darüber hinaus lassen sich inhaltliche Bezüge zu weiteren Perspektiven des Sachunterrichtes herstellen, z.b. zur historischen und naturwissenschaftlichen Perspektive.

Schülerinnen und Schüler können:
DAH TE 1:
- technische Lösungen erfinden bzw. nach-erfinden, d.h., einfache technische Problem- bzw. Aufgabenstellungen erfassen, entsprechende Ansätze für Lösungen entwerfen, realisieren und optimieren sowie dabei die zur Verfügung stehenden Mittel und Bedingungen berücksichtigen
- technische Experimente durchführen oder selbst entwickeln bzw. sich an der Entwicklung beteiligen sowie die Ergebnisse der Experimente auswerten

DAH TE 2:
- technische Funktionen erkunden und analysieren
DAH TE 4:
- technische Problemlösungen im Hinblick auf den technischen Zweck, Materialökonomie und Originalität vergleichen und bewerten (z.B. selbst gebaute Papierflieger, Brücken, Fahrzeuge)
DAH TE 5:
- Ideen für technische Lösungen, Konstruktionsergebnisse, Funktionszusammenhänge, Herstellungsprozesse sowie Arbeitsabläufe unter Nutzung von Sprache, Zeichnungen oder Demonstrationen verständlich vermitteln, diskutieren und dokumentieren (z.B. durch Skizzen, Sachzeichnungen, Beschreibungen, Abbildungen, Fotos)
- zu technischen Gegenständen, Entwicklungen und Erfindungen Informationen recherchieren und die Ergebnisse mitteilen

TB TE 1:
- Modelle von Brücken (z.B. Balken-, Bogen-, Fachwerk- und Hängebrücken) aus einfachen Materialien herstellen, die Konstruktionsweisen vergleichen und entsprechende Brücken in der Alltagswelt wiedererkennen
- Umformungen (z.b. Winkel-, Zickzack-, U- und Rundprofile, aus Papier/ Pappe bei Brücken) sowie Aussteifungen (z.b. Dreiecksverbindungen bei Brücken) als Mittel zur Erhöhung der Stabilität einsetzen und in technischen Gebilden der Alltagswelt wiedererkennen

TB TE 5:
- eigene Erfindungen planen, zeichnen, bauen, optimieren, verwerten und darstellen
- wichtige technische Erfindungen nachvollziehen und in ihrer Bedeutung für die Menschen erfassen sowie Erfinder und ihre Erfindungen an ausgewählten Beispielen darstellen

Hinweise, wie Kompetenzentwicklungen sichtbar werden und auch beurteilt werden können:
- Erkundung von Brücken in der Umgebung: Finden sich bei den Brückensteckbriefen (technisch) oder in den Zeichnungen relevante Informationen zur Brücke? (z.B. zum Zweck der Brücke, zu den Materialien oder zur Konstruktion?)
- Konstruieren (Brücke mit Profilen): Wie gehen die Kinder vor? Berücksichtigen sie die vorgegebenen Bedingungen? Wie prüfen sie die Stabilität? Ziehen sie die richtigen Schlussfolgerungen? Sind sie in der Lage, ihr Ergebnis zu kommunizieren und zu bewerten?
- Technisches Experimentieren: Berücksichtigen sie die Vergleichbarkeit der Bedingungen, d.h., führen sie ein faires Experiment durch? Können sie das Ergebnis des Experiments sprachlich und zeichnerisch darstellen?
- Portfolio mit gefundenen Profilen in der Umgebung: Finden sie die im Unterricht herausgearbeiteten Elemente in ihrer Umwelt wieder? Können sie die Profile richtig zuordnen?
- Recherche zu berühmten Brücken im Internet: Wie detailreich ist der Vortrag? Sind die wesentlichen technischen Informationen (z.B. zu Material, zu technischem Zweck oder zur Konstruktion) vollständig und korrekt wiedergegeben?

Materialien:
Für die Durchführung der beschriebenen Aufgaben: Papier, Pappe, Bauklötze für Belastungstests und als Auflager für die Balkenbrücken, ein Schaumstoffstreifen, zwei Sperrholzleisten verschiedener Dicke
Möller, K., Lemmen, K., & Zolg, M. (2009): *Brücken – und was sie stabil macht. Die KiNT-Boxen - Kinder lernen Naturwissenschaft und Technik. Klasse(n)kisten* für den Sachunterricht. Unterrichtsordner und Experimentiermaterial. Essen.
Möller, K. (2012): Was macht eine Balkenbrücke stabil? Technisches Konstruieren und Experimentieren mit Papier. In: *Sache – Wort – Zahl, 40,* H.126, S. 22-27.

6.6 Beispielhafte Lernsituation „Mobilität" (für die Jgstf. 1/2): Erkunden der Schulumgebung

Lernsituation/ Ausgangslage:
Kinder in den ersten beiden Klassenstufen sollten je nach Schuleinzugsgebiet zunehmend selbstständig ihre täglichen Wege bewältigen. Dabei benötigen sie besonders am Schulanfang Unterstützung, da sie im entwicklungspsychologisch-motorischen Bereich noch nicht immer den Anforderungen des Straßenverkehrs gewachsen sind. Kindern fällt es unter anderem schwer, aufgrund ihrer Körpergröße den Verkehr zu überblicken oder Geräusche und deren Herkunft zu differenzieren, Geschwindigkeiten von herannahenden Autos einzuschätzen und sich im Verkehrsgeschehen über einen längeren Zeitraum zu konzentrieren. Gleichzeitig ist die Gestaltung des Straßenverkehrs in der Regel wenig auf die Bedürfnisse von Kindern zugeschnitten. Parkende Autos, fehlende Überquerungshilfen und zu hohe Geschwindigkeiten schränken den Bewegungsradius von Kindern ein und gefährden diese auf ihren Wegen. Aus Sorge vieler Eltern werden zunehmend mehr Kinder mit dem Auto zur Schule transportiert. Neben den Belastungen für die Umwelt werden so die noch zu Fuß gehenden Kinder zusätzlich gefährdet. Dabei wird die wichtige gesundheitsfördernde Bewegung auf dem zu Fuß zurückgelegten Schulweg übersehen sowie dessen Bedeutung für die Entwicklung zur Selbstständigkeit und die räumlichen Erfahrungen der Kinder. Die notwendige Übung, am Straßenverkehr selbstständig teilzunehmen, wird durch den Transport im Auto ersetzt. Neben den Bewegungsdefiziten fällt es Kindern durch den Transport im Auto zunehmend schwerer, sich ihr Wohn- und Schulumfeld zu erschließen. Ähnlich wie Erwachsene leben sie häufig in verschiedenen Bereichen wie Arbeit (Schule), Wohnen und Freizeit; die erlebte räumliche Verbindung zwischen diesen Orten geht dann nicht selten verloren. Zur selbstständigen Bewältigung der alltäglichen Wege und zum Kennenlernen problematischer Bereiche im Wohnumfeld bedarf es in den ersten Schuljahren der Anschauung und der Übung vor Ort. Die Beschäftigung mit den alltäglichen Wegen im Unterricht spielt in diesem Zusammenhang eine wichtige Rolle.

Aufgaben und Aufträge:
Die hier beschriebenen Aufgabenvorschläge zum Erkunden der alltäglichen Wege verstehen sich als Bausteine, die optional, je nach örtlichen Gegebenheiten, gewählt oder ergänzt werden können.
1. Die Schülerinnen und Schüler malen, mit welchem Verkehrsmittel (zu Fuß, mit Rad, Roller, Auto, Bus oder Bahn) sie täglich zur Schule kommen und auf einem zweiten Bild, wie sie am Nachmittag zu unterschiedlichen Aktivitäten unterwegs sind. Die Bilder werden an einer Ausstellungswand ge-

sammelt und dienen im Gesprächskreis als Anlass, über Vor- und Nachteile einzelner Verkehrsmittel zu sprechen und Erlebnisse und Geschichten zu den Alltagswegen zu erzählen.
2. Die Schülerinnen und Schüler zeichnen ohne Vorgaben oder Vorlagen ihren Weg zur Schule auf (vgl. auch das Beispiel zur geografischen Perspektive Kap. 6.3). Diese subjektiven Schulwegpläne dienen als Gesprächsanlass: An welchen Stellen hast du auf deinem Schulweg etwas Besonderes gesehen oder beobachtet? Gibt es ein Haus, ein Geschäft, einen Ort, der besonders schön, alt, ungewöhnlich oder unheimlich ist? Wo sind auf dem Schulweg gefährliche Stellen, Straßen und Plätze? Wo musst du besonders im Straßenverkehr aufpassen? Die Kinder ergänzen durch Zeichnen oder Malen (bzw. Beschriften) im Anschluss ggf. auf ihrem Schulwegplan solche Orte.
3. Um konkrete Verkehrssituationen im Umfeld der Schule zu erkunden, werden zu verschiedenen Aspekten Unterrichtsgänge und Erkundungen mit der Klasse oder mit Kleingruppen durchgeführt. Dabei stehen neben den thematischen Schwerpunkten (wie z.B. Pflanzen im Stadtteil; Spielplätze und Spielorte im Wohnumfeld; Verkehrszeichen – inkl. Klärung ihrer Funktion und der Bedeutung des Schildes an diesem Ort) auch das richtige Verhalten auf den Wegen (und insbesondere das Überqueren von Straßen) im Fokus.
4. Während eines Unterrichtsgangs werden gezielt andere Verkehrsteilnehmer beobachtet. Diese Beobachtungen werden anschließend in einer Gesprächsrunde thematisiert, wobei z.B. Vermutungen angestellt werden über das Verhalten im Straßenverkehr, die Absichten, Bedürfnisse, Gefühlslagen und Rechte der Verkehrsteilnehmer. Zudem können Rückschlüsse für das eigene Verhalten gezogen werden.
5. Eine Dokumentation von gefährlichen Stellen (z.B. anhand von selbstgemachten Fotos von Ampeln, Kreuzungen etc.) im Schulumfeld sensibilisiert für mögliche Probleme und kann zugleich als Grundlage für Gespräche und Übungen (wie z.B. zum Überqueren einer Straße oder zum richtigen Verhalten an Parklücken) dienen.
6. Die Kinder überlegen und sammeln Vorschläge, wie einige der gefährlichen Stellen in der Schulumgebung entschärft/ verbessert werden können. Bei sehr evidenten Problemen können diese Vorschläge dokumentiert und an die zuständigen Stellen weiter gereichtwerden.
7. Im Anschluss an den Schultag begleitet die gesamte Klasse eine Gruppe von Schülern, die in direkter Nachbarschaft wohnen, nach Hause vor die Haustür. Dort wird ein Foto des Kindes gemacht, das anschließend auf einem großen Plan des Schulumfeldes an der entsprechenden Stelle/ Straße aufgeklebt und mit den wichtigsten Daten (Name, Adresse, Geburtstag usw.) versehen wird. Die Kinder, die nicht zu ihrer Haustür begleitet wurden, gehen gemeinsam zurück zur Schule und treten von da ihren gewohnten Heimweg

an. Auf diese Weise vernetzen sich Wege im Umfeld der Schule, neben dem eigenen Schulweg werden auch andere Wege erkundet und bekannt. Ein Nachdenken über Gefahrenpunkte und Verhaltensweisen auf diesen (zum Teil unbekannten) Wegen kann unterwegs und anschließend in der Klasse stattfinden.

Ergänzende Möglichkeiten/ vergleichbare Alternativen:
Neben den alltäglichen Fußwegen spielt für Kinder zumindest im Nachmittagsbereich das Fahrrad eine große Rolle. Auch wenn die Kinder noch nicht mit dem Fahrrad zur Grundschule kommen, sollte das Themenfeld Radfahren nicht erst im Rahmen der Radfahrausbildung in den Unterricht integriert werden. So können – neben Übungen, die v.a. die motorisch relevante Verhaltensweisen (z.B. Anfahren, Bremsen, sicher eine Kurve fahren…) betonen – sich die Schülerinnen und Schüler, ähnlich wie oben beschrieben, (noch zu Fuß) auf Erkundungsgang begeben, um die Radwege und Gefahrenstellen für Radfahrer in der Schulumgebung zu analysieren und zu dokumentieren sowie ggf. Verbesserungsvorschläge einzubringen.

Die Schulwegpläne der Kinder können in jährlichem Abstand neu gezeichnet werden. Über die Grundschuljahre wird somit die Ausdifferenzierung der räumlichen Wahrnehmung für die Kinder selbst erlebbar und kann im Rückblick verglichen werden.

Unterstützte Kompetenzen:
Schülerinnen und Schüler können:
– selbstständig und unter Beachtung von Verkehrsregeln Wege im Wohn- und Schulumfeld – je nach räumlichen Voraussetzungen auch ihren Schulweg – sicher zurücklegen (als Fußgänger, mit dem Fahrrad oder dem Roller) und dabei sichere und unsichere Stellen benennen
– ihre Wohn- und die Schulumgebung bzw. ihren Wohnort unter verschiedenen Blickwinkeln erkunden (z.B. Verkehrsinfrastruktur, Verkehrssicherheit, Natur im Stadtteil, Flächenverbrauch, Spielmöglichkeiten, Angstorte usw.) und die Ergebnisse der Erkundungen (z.B. auch mit Hilfe von Kartenskizzen und subjektiven Karten) dokumentieren
– über Gefühle, Probleme, Absichten und Verhaltensweisen von sich und anderen bei der Verkehrsteilnahme reflektieren und daraus Rückschlüsse ziehen
– zwischen verschiedenen Verkehrsmitteln unterscheiden, die Vor- und Nachteile in Bezug auf Alltagsnutzen, Umwelt, Klima und Gesundheit benennen und eine begründete Wahl treffen, wann welches Verkehrsmittel zu welchem Zweck für die eigene Mobilität geeignet ist
– sich in kleinen Projekten an Veränderungen und Verbesserungen im Straßenverkehr und Wohnumfeld einbringen und grundlegende Formen der Partizi-

pation kennen lernen (z.b. Verkehrsführung im Schulbezirk, Verbesserung von Ampelschaltungen, Spielplatz- und Schulhofgestaltung, kinderfreundlicher Umbau von Wohnquartieren, Tempo 30)

Hinweise, wie Kompetenzentwicklungen sichtbar werden und auch beurteilt werden können:
– Wie sicher nehmen die Kinder an den Unterrichtsgängen teil, wie ist dabei ihr Verhalten in Bezug auf Verkehrsregeln oder Gefahrenbereiche?
– Wie sicher sind die Kinder in ihren motorischen Abläufen bei Bewegungsspielen oder auf dem Pausenhof? Können sie z.b. auf ein Signal hin anhalten?
– Wie verhalten sich die Kinder in Bezug auf Regeln und Absprachen? Halten sie sich an die Regeln von Spielen oder an Gebote in der Schule (z.b. „nicht im Flur rennen"), sofern diese Rückschlüsse auf ihr Verhalten im Straßenverkehr zulassen?
– Können die Kinder sichere oder unsichere Stellen und Situationen im Schulumfeld zeigen und benennen sowie richtiges bzw. sicheres Verhalten an diesen Orten beschreiben?
– Inwieweit können die Kinder aus der Beobachtung anderer Verkehrsteilnehmer Rückschlüsse für das eigene Verhalten ziehen bzw. dieses verbalisieren?
– Können die Kinder ihre subjektive Karte zum eigenen Schulweg/ Wohnumfeld angemessen differenziert anfertigen?
– Wie komplex und ausgewogen können die Kinder die Vor- und Nachteile einzelner Verkehrsmittel darstellen?

Materialien:
Spitta, Ph. (2005): *Praxisbuch Mobilitätserziehung*. Baltmannsweiler.

6.7 Beispielhafte Lernsituation „Nachhaltige Entwicklung" (für die Jgstf. 3/4): Kleider

Lernsituation/ Ausgangslage:
Kleider gehören zu unserem Alltag – wir bekleiden uns, je nach Anlass, Aktivität und Jahreszeit ganz unterschiedlich, wir besitzen viele und ganz unterschiedliche Kleider, kaufen, brauchen und „verbrauchen" Kleider, geben Kleidungsstücke weiter (z.B. an jüngere Kinder), entsorgen sie (in Altkleidersammlungen, im Restmüll). Vertraut sind den Schülerinnen und Schülern ihre eigenen Bedürfnisse, Wünsche, Vorstellungen und Einstellungen zu „Kleidern und Mode", der Umgang mit ihnen, sowie ihre (mögliche) Teilnahme beim Kauf von Kleidern.
Bezüglich Fragen und Aspekten der nachhaltigen Entwicklung sind Kleider dabei ein gutes Beispiel. Die Schülerinnen und Schüler entdecken durch diese Erfah-

rungen am Beispiel ihrer eigenen Kleider Aspekte des Konsumverhaltens und unserer Einstellung zu und unseren Umgang mit „Alltagsgütern", was alles „hinter" Kleidern als Produkten steckt (Materialien, Herstellung, Arbeit, Transport und Handel, „Entsorgung"), und was dies mit Blick auf Umwelt, Arbeits- und Lebensbedingungen von Menschen hier und an ganz anderen Orten der Erde bedeutet.

Aufgaben und Aufträge:
1. Die Schülerinnen und Schüler tragen zusammen, welche unterschiedlichen Kleider sie für verschiedene Gelegenheiten und Aktivitäten im Alltag tragen, warum sie so verschiedene Kleider tragen und wozu Kleider „nützlich" sind, was ihnen bei der Bekleidung wichtig ist, was für sie im Zusammenhang mit Kleidern „modisch" ist, wie sie selber mitwirken und mitentscheiden beim Kauf und welche Fragen sie zum „Kleiden" und zu ihren Kleidern haben. Die Stichworte und Aussagen werden (z.B. mithilfe von Zettelwänden, Clustern oder Mindmaps) geordnet und in einer Präsentations- und Austauschrunde vorgestellt.
2. Alle Schülerinnen und Schüler wählen zwei Kleidungsstücke aus, die ihnen ganz besonders wichtig sind. Sie stellen aufgrund ihrer Vorstellungen, ihres Vorwissens und eigener Recherchen (z.B. Angaben auf Etiketten, Informationen zu Produkten) ein kurzes Porträt zusammen, welches Auskunft zu folgenden Fragen gibt: Was macht dieses Bekleidungsstück für mich besonders wichtig? Aus welchen Materialien bestehen die beiden Kleidungsstücke, wie wurden sie hergestellt, wer alles hat an diesen Kleidungsstücken gearbeitet und wo überall in der Welt waren Teile der beiden Kleidungsstücke schon, bevor ich sie kaufen konnte oder sie geschenkt erhielt? Die Kleidungsstücke und Porträts werden im Schulzimmer in einem „Porträtmarkt" ausgestellt. Die Schülerinnen und Schüler gehen auf den Porträtmarkt, erkundigen sich zu den verschiedenen Porträts, stellen Fragen, geben Auskunft über ihre eigenen Porträts. In einer „Klassenrunde" werden dann wichtige Ergebnisse und Erkenntnisse zusammengestellt sowie offene Fragen gesammelt und für die Weiterarbeit dokumentiert.

3. Die Schülerinnen und Schüler erkunden ihre eigenen Kleider:
   - Sie zählen und stellen zusammen, wie viele T-Shirts, Hemden, Pullover, Hosen, Jacken sie haben sowie welche und wie viele „Spezialkleider" sie besitzen, z.b. für bestimmte Sportaktivitäten und andere Tätigkeiten. (Möglichkeit: Sie wiegen, wie schwer z.b. alle T-Shirts, Hosen u.a. sind – hier empfiehlt sich, in der Klasse vorab zu vereinbaren, was gewogen werden soll.)
   - Sie schätzen, welchen Geldwert ihre T-Shirt-Sammlung oder ihre Jacken-Sammlung hat.
   - Sie befragen ihre Eltern (eventuell zusätzlich auch Großeltern), welche Kleider sie getragen haben und wie viele Kleidungsstücke sie (im Vergleich zu heute) besessen haben, als sie so alt waren wir die Schülerinnen und Schüler jetzt. (Was war vor 25 und 50 Jahren „Mode"?) Sie stellen die Ergebnisse und z.b. auch Fotos zu dieser Befragung zusammen und erstellen ein „Kleinplakat" dazu im Unterricht.
4. Die Ergebnisse dieser Erkundungen, Untersuchungen und Befragungen werden im Unterricht aufgenommen, nach vereinbarten Gesichtspunkten ausgewertet und dargestellt. Eine Ausstellung im Klassenzimmer wird gestaltet.
5. Zu ausgewählten Fragen und Themen werden Recherchevorhaben geplant und von Tandems/ Gruppen von Schülerinnen und Schülern durchgeführt, z.B.
   - Produktionsketten: Wie entsteht ein T-Shirt oder eine Hose? Welche Materialien sind erforderlich, woher kommen sie, welche Arbeiten müssen erledigt werden und wer macht dies? Warum kosten Kleidungsstücke so unterschiedlich viel, und wer bekommt welchen Anteil des Gewinns?
   - Wohin gelangen Kleidungsstücke, die wir in Altkleidersäcken in eine Sammlung geben?
   - Materialprüfstand – Eine Untersuchung verschiedener Stoffe und Gewebe und eine Recherche zu deren Herkunft (z.B. Aus welchem Rohstoff wird ein Fleecepullover hergestellt? Wie (und wo) wächst Baumwolle?)

*Produktionskette T-Shirt
Vorstellung Schülerin A, 3. Schuljahr*

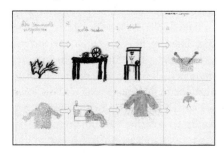

Textilfasern (Süssholz, 2002, Seite 60, Bern, Schulverlag)

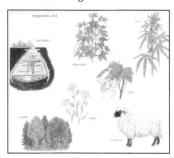

Beispiele zu Aufgabe 5 (Produktionskette), bei welcher auch von den Vorstellungen der Kinder ausgegangen werden: Wie wird ein T-Shirt produziert und wie gelangt es zu uns?

Zu Aufgabe 5: Verschiedene Rohstoffe und Materialien, aus welchen Kleider hergestellt werden. Welche Rohstoffe kommen woher und welche Verarbeitung ist notwendig?

Produktionskette T-Shirt, Vorstellung Schüler B, 3. Schuljahr

Gute Preise? Gute Arbeit für die Leute, die diese Kleider herstellen? (Süssholz, 2002, Seite 66, Bern, Schulverlag)

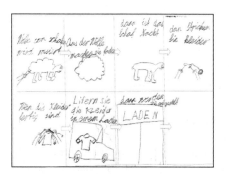

Erhebung Lisa Vogt & Tabea Zürcher, PHBern, 2010

Zu Aufgabe 5: Wer arbeitet an und für Kleidungsstücke? Wie viel verdienen Menschen für ihre Arbeit?

6. Ergänzend dazu kann auch z.B. der Besuch einer Altkleidersammlung, einer Kleiderbörse oder eines Kleidergeschäfts vorbereitet und durchgeführt werden.
7. Die Ergebnisse aus den Recherchen werden zusammengestellt, dokumentiert und ausgetauscht. Dabei stellen die Lernenden auch Vergleiche an, kommentieren Beziehungen und Verknüpfungen in dieser „Kleiderwelt" und beleuchten Situationen aus der Sicht anderer beteiligter Personen (z.B. Textilarbeite-

rinnen, Kinder in der Textilindustrie in Bangladesch und anderen Ländern, Altkleiderhändler in Ländern Afrikas u.a.). Ergänzend dazu können Informationen und Geschichten/ Erzählungen z.b. zur Reise eines T-Shirts oder zu Erfahrungen von Menschen, die beim Baumwollanbau, beim Färben, Nähen u.a. beteiligt sind, eingebracht werden. Die Ergebnisse werden eingeordnet (z.b. die Produktions- und Transportwege von Kleidungsstücken in einer Weltkarte; Produktionsketten und Menschen, die an verschiedenen Orten an Kleidungsstücken arbeiten, in Strukturbildern; die Entstehung und die Reise von Kleidungsstücken in szenischen Darstellungen), und die Schülerinnen und Schüler erarbeiten sich eigenständig eine eigene Dokumentation dazu (gegebenenfalls auch mit gemeinsam vereinbarten bzw. vorstrukturierten Elementen).

8. In der Klasse wird ein Katalog (oder Flyer, Infoplakat, Broschüre) für das Achtgeben, Mitwirken und Handeln beim „sich Kleiden" (evtl. bei der eigenen Kleidung) und für den Umgang mit Kleidern zusammengestellt (mögliche Themen und Fragen: Kleidermode, was mir Kleider bedeuten; Kaufen und an was ich alles denken kann; Welche und wie viele Kleider brauche ich (wirklich)? Gebrauch und Umgang mit Kleidern; Welchen „Wert" haben Kleider, was tun mit Kleidern, die ich nicht mehr tragen kann oder will?). Die Schülerinnen und Schüler können ihre Gedanken, Urteile, Einstellungen zu verschiedenen Punkten aus dem Katalog äußern, sich austauschen, argumentieren und dabei ihre eigenen Positionen weiterentwickeln.

9. Ergänzend oder alternativ dazu kann zum Abschluss eine Aktion, ein Vorhaben oder ein Anlass geplant, organisiert und durchgeführt werden (evtl. mit den Eltern, mit einer anderen Schulklasse, an einem Anlass im Stadtviertel oder der Gemeinde: z.b. eine „spezielle Modeschau" mit Erzählungen zum sich Kleiden und zu Kleidern, eine Kleiderbörse, eine Informationsveranstaltung mit einer Organisation, die sich für fairen Handel einsetzt).

10. Jede Schülerin/ jeder Schüler vergleicht die neu gewonnenen Erkenntnisse mit den am Anfang erstellten „Porträts" (siehe bei 2) und stellt für sich zusammen, was sie/ er neu dazugelernt hat und was dies für die eigene Situation und das eigene Handeln bedeutet. Alle bringen ihre Ergebnisse in einer Klassenrunde ein, stellen sich gegenseitig Fragen und geben einander Rückmeldungen.

11. Zusammenstellung einer persönlichen Doku-Mappe oder eines Portfolios „Kleider" mit Porträt zu zwei Kleidungsstücken (eigene Betrachtungen, Vorstellungen, Recherchen, vgl. Punkt 2), Ergebnisse aus der Erkundung und Untersuchung zu den eigenen Kleidern (vgl. Punkt 3) und der Befragung der Eltern/ Großeltern (vgl. Punkt 4), einer Frage, einem Thema nachgehen (Recherche, Ergebnisse, vgl. Punkte 5 - 7) eigene Gedanken zum Katalog für das Achtgeben, Mitwirken und Handeln beim sich Kleiden und mit Kleidern

umgehen (vgl. Punkt 8), Zusammenstellung „Was weiß und kann ich jetzt besser und mehr?" (vgl. Punkt 10).
(Die dargestellte Lernsituation stellt eine ausführliche Variante vor. Selbstverständlich ist es möglich, einzelne Teile dieser Lernsituation anders zu kombinieren, einzelne Teile zu verkürzen, zu vereinfachen oder auch wegzulassen.)

Ergänzende Möglichkeiten/ vergleichbare Alternativen:
- Denkbar ist, mit einer Partnerklasse in einem anderen Land ein Thema in dieser Ausrichtung aufzunehmen und dabei Erfahrungen, Ergebnisse u.a. auszutauschen.
- Es ist durchaus möglich, anstelle des Themas „Kleider" ähnliche Fragen und Situationen aufzunehmen, so z.b. zu Früchten und/ oder Fruchtsäften, zu Spiel- und Sportgeräten.
- Eine mögliche Ergänzung bestünde darin, dass jedes Kind im Unterricht selber ein Kleidungsstück herstellt und dabei verschiedene Arbeitsschritte vom Rohstoff bis zum fertigen Produkt direkt durchführt. Mit Geschichten und Berichten zu Kleidung und zur Kleiderherstellung können weitere Bezugspunkte hergestellt werden.
- Das Thema Kleider kann neben den genannten Schwerpunkten auch noch gut und vernetzt mit weiteren geographischen (Wie kleiden sich Menschen an verschiedenen Orten der Welt?) oder sozialwissenschaftlichen (Was finden Jungen und Mädchen als modisch? Was wird in der Werbung angeboten?) oder historischen (Was trugen die Menschen zu verschiedenen Zeiten?) Schwerpunkten ergänzt werden.

Materialien:
- Verschiedene Materialien, aus welchen Kleider hergestellt werden (z.B. Baumwolle, Viskose, Kunstfasern, Schurwolle; verschiedenartige Stoffreste u.a.)
- Kinder- und Sachbücher zu verschiedenen Themen im Zusammenhang mit Kleidung, Produktion von Kleidern, „Von der Baumwolle zum T-Shirt oder zu Jeans-Hosen", Unterlagen aus Kinderzeitschriften u.a.
Wyssen, H.-P. & Zbinden, N. (2002). *Süssholz, Produzieren - Konsumieren, 3. & 4. Schuljahr.* Bern.

Unterstützte Kompetenzen:
Schülerinnen und Schüler können:
- zu überschaubaren Erscheinungen, Situationen, Handlungsweisen in ihrem eigenen Umfeld (z.B. am eigenen Wohnort, zum Einkaufen, zur Freizeitgestaltung, zum Zusammenarbeiten in der Klasse) Objekte, Akteurinnen und Akteure, Beziehungen, Prozesse und Veränderungen erfassen und beschreiben
- an Beispielen aus ihrem eigenen Alltag (z.B. Trinkwasser, Nahrungsmittel, Kleider, Spielzeuge) beschreiben und kommentieren, wie wir abhängig sind von un-

serer Umwelt, von Arbeiten und Dienstleistungen von Menschen in der Nähe und Ferne
- Erfahrungen zum Ausdruck bringen und Vermutungen äußern, welche Auswirkungen das eigene Handeln und das Handeln von Personen im engeren Umfeld (Freunde, Familie, Bekannte) auf die natürliche Umwelt und auf die Lebenssituation anderer Menschen haben
- sich zu ausgewählten Fragen und Themen (z.B. Wasser und Wasserverbrauch, Energienutzung für verschiedene Tätigkeiten, Abfall und Abfallentsorgung/-verwertung/-vermeidung, Produktketten/-zyklen) informieren, Daten und Informationen verarbeiten und dokumentieren sowie daraus begründet Stellung beziehen und ggf. Folgerungen für das eigene Handeln ziehen
- über unterschiedliche Lebensweisen und -situationen (z.B. Wünsche, Bedürfnisse und die Möglichkeit, sie zu erfüllen) von Menschen nachdenken, im Austausch mit anderen Fragen dazu stellen und sich positionieren
- Fragen zu Gerechtigkeit (verstanden auch als Fairness im Umgang mit natürlichen Grundlagen, mit unterschiedlichen Formen der Lebensgestaltung und von Lebenssituationen von Menschen, Rechten von Menschen – insbesondere auch von Kindern – sowie zur Solidarität mit Menschen in anderen Lebenssituationen) stellen, diesen nachgehen, Vorstellungen und Gedanken dazu austauschen und Handlungsmöglichkeiten für sich selbst und in der Zusammenarbeit und im Zusammengehen mit anderen entwickeln
- an exemplarischen Vorhaben und Projekten der Klasse oder der Schule zur Ideenentwicklung beitragen, an Entscheidungsprozessen sowie bei der Umsetzung mitwirken und dabei Aufgaben eigenständig übernehmen

Hinweise, wie Kompetenzentwicklungen sichtbar werden und auch beurteilt werden können:
- Können die Kinder bei den Beiträgen zu den Einstiegsfragen ihre eigenen Erfahrungen und das eigene Vorwissen darlegen und dokumentieren?
- Wie werden Fragen (z.B. bei der Befragung der Eltern/ Großeltern oder beim Untersuchen der eigenen Kleider) aufgenommen und bearbeitet? Welche Informationsmittel werden einbezogen und bearbeitet? Wie werden Ergebnisse dargestellt und präsentiert? Wie werden Lernschritte und die Entwicklung von Vorstellungen u.a. kommentiert?
- Beim Austauschen, Ordnen, Strukturieren, Verknüpfen: Wie können Beziehungen bereits hergeleitet, andere Perspektiven und Situationen wahrgenommen und beschrieben werden? Wie differenziert werden Situationen eingeschätzt? Wie wird zu Fragen argumentiert?
- Beiträge zu Perspektiven, zum Katalog (vgl. Teil 8): Wie argumentieren die Schülerinnen und Schüler zum Umgang mit Kleidern? Wie reflektieren sie ihren eigenen Umgang mit Kleidern? Welche Gesichtspunkte beziehen sie ein,

wenn es um den Kauf von Kleidern geht? Wie können sie Produktionsketten nachzeichnen und welche Zusammenhänge können sie dabei bereits beschreiben und wie können sie diese Vorgänge ordnen und strukturieren?
- „Was weiß und kann ich jetzt besser als vorher" (vgl. Punkt 10): Welche Aspekte/ Punkte führen die Schülerinnen und Schüler auf? Wie beschreiben sie ihren Lernfortschritt und an was machen sie diesen fest? Wie gelingt es ihnen, diesen Verglich vorzunehmen? Wie gelingt es ihnen dabei, ihren Lernprozess zu reflektieren und zu beschreiben?

6.8 Beispielhafte Lernsituation „Gesundheit und Gesundheitsprophylaxe" (für die Jgstf. 1/2): Gesunde Ernährung

Lernsituation/ Ausgangslage:
Kinder kommen mit reichlichen und sehr unterschiedlichen Ernährungserfahrungen und -gewohnheiten in die Schule. In außerschulischen Zusammenhängen haben sie verschiedene Lebensmittel und Speisen kennengelernt, Präferenzen für bestimmte Nahrungsmittel und (u.a. kulturell beeinflusste) Ernährungsweisen entwickelt und – im Normalfall – erfahren, dass und (in erster Orientierung) wie Nahrungsmittel gesundheitlich bewertet werden. Dabei haben sie sicherlich oft erlebt, dass häufig geschmackliche und gesundheitliche Bewertung gegensätzlich sein können. Anknüpfend an diese Erfahrungen sollen die Kinder die Motivation entwickeln, sich gesund zu ernähren, das erforderliche Wissen darüber erwerben und insbesondere den Fett- und Zuckergehalt als gesundheitsrelevantes Kriterium zur Bewertung von Nahrungsmitteln kennenlernen, diesbezüglich Nahrungsmittel unterscheiden und ein gesundes Frühstück zusammenstellen bzw. zubereiten können.
Einer gesundheitsfördernden Ernährung entspricht am ehesten die sogenannte optimierte Mischkost, bei der relativ zum Kaloriengehalt nährstoffreiche, daher „empfohlene" Nahrungsmittel mindestens 80% und nährstoffarme, aber „geduldete" Nahrungsmittel maximal 20% des Tagesbedarfs ausmachen sollen. Eine einfache Orientierung besteht darin, pflanzliche Lebensmittel und Getränke reichlich, tierische Lebensmittel mäßig und fettreiche Lebensmittel sparsam zu konsumieren. Nahrungspyramiden stellen differenzierende Modelle für ausgewogene Anteile der Nahrungsmittelgruppen dar (z.B. die AID Pyramide – vgl. Abb. 13).

Abb. 13: Die AID-Pyramide mit den verschiedenen Anteilen der Nahrungsmittelgruppen einer ausgewogenen Ernährung – Süßigkeiten; Fette, Öle; Fleisch, Milchprodukte; Getreideprodukte, Kartoffeln; Obst, Gemüse; Wasser, zuckerfreie Getränke), um empfohlene und geduldete Nahrungsmittel unterscheiden zu können

Aufgaben und Aufträge:

1. Die Kinder erhalten den Auftrag, ein Ernährungsprotokoll über einen Tag zu führen.
2. Im Unterricht werden mögliche Kriterien aufgestellt, nach denen die gegessenen Nahrungsmittel eingeteilt werden können (z.B. mit Fleisch – vegetarisch; gekocht – roh; süß, salzig, scharf, fettig). Dabei wird auch überlegt, welche Speisen als eher gesund oder eher ungesund eingeschätzt werden können, und es werden Vermutungen auf der Basis des Vorwissens aufgestellt.
3. Dazu informieren sich die Kinder über geduldete und empfohlene Lebensmittel (vgl. etwa Abb. 14 – eine Hilfe kann auch die AID-Pyramide, vgl. Abb. 13 sein), über ihr Verhältnis im Rahmen einer optimierten Mischkost (nicht mehr als 2, mindestens 8 von 10) und untersuchen diesbezüglich ihr Ernährungsprotokoll.

Abb. 14: Geduldet, weil viel Fett und/ oder Zucker

Empfohlen, weil viele gesunde Nährstoffe und wenig Fett und Zucker

4. Anschließend üben sie an verschiedenen Nahrungsmitteln das Unterscheiden hinsichtlich der Kriterien Fett- und Zuckergehalt. Hierzu kann auch ein

Unterrichtsgang in einen Supermarkt oder die Analyse von Werbeprospekten erfolgen (Ernährungswissen).
5. In kleinen Gruppen überlegen und beschreiben die Kinder, wann oder in welchen Situationen was gegessen bzw. genascht wird (z.b. das Nahrungsangebot beim Kindergeburtstag, in verschiedenen Restaurants, in der Schulkantine, des Kiosks). Dabei suchen sie nach Alternativen, die gesundheitlich besser zu bewerten sind (z.b. Alternativen für zucker- und fetthaltige Nahrungsmittel – Problem „gesundes Naschen" – in der Produktwerbung thematisieren).
6. Im Klassengespräch wird der Zusammenhang zwischen ungesunder (viel Fett und Zucker) Ernährung und Übergewicht und seinen gesundheitlichen Folgen (körperliche Leistungsfähigkeit, Krankheiten aber auch mögliche soziale Ausgrenzung bzw. Schwierigkeiten als Spiel- und Sportpartner akzeptiert zu werden) thematisiert.
7. Die Kinder wählen unter Berücksichtigung der Empfehlung (möglichst wenig geduldete, möglichst viele empfohlene Nahrungsmittel) aus dem Angebot eines Supermarktes Nahrungsmittel aus, die für ein gesundes Frühstück genutzt werden sollen. Dabei soll erkannt werden, dass gesunde Ernährung nicht Verzicht bedeutet, dass jeder auch aus dem Angebot der geduldeten Nahrungsmittel etwas auswählen darf. In diesem Zusammenhang werden die Kinder mit ihnen evtl. unvertrauten Nahrungsmitteln (z.B. exotische Früchte oder bestimmte nährstoffreiche Kost – z.b. Obst, Gemüse, Vollkorngebäck u.a.) konfrontiert und machen bewusst neue Geschmackserfahrungen (z.B. indem sie mit verbundenen Augen geschmackliche Reize wie süß, sauer, bitter, würzig, fad, salzig, scharf usf. wahrnehmen und differenzieren).
8. Anhand der Fettprobe mit Papier ermitteln die Kinder den Fettgehalt verschiedener Nahrungsmittel.
9. Es wird ein gemeinsames Frühstück geplant, organisiert, zubereitet und praktiziert (Ernährungshandeln).

Ergänzende Möglichkeiten/ vergleichbare Alternativen:
– Das eigene Frühstück (z.B. nach Zucker- und Fettanteil) gesundheitlich bewerten (Achtung: Stigmatisierungen vermeiden).
– Sich Ernährungsgewohnheiten bewusst machen und in ersten Schritten hinterfragen (z.B. Muss der Teller immer leer gegessen werden? Muss ich auch essen, was mir nicht so gut schmeckt oder esse ich nur, was mir schmeckt? Wie nehme ich mein Essen zu mir, in Gemeinschaft, zu festen Essenszeiten, zwischendurch, bei anderen Tätigkeiten, unregelmäßig? Ist Naschen immer ungesund?).
– Bewertung des Nahrungsangebots von Imbissständen und Fast-Food-Ketten (hinsichtlich Fett- und Zuckergehalt), Auswahl zu präferierender Speisen.

– Gesundheitsfördernde Auswahl an Getränken und Analyse der Trinkgewohnheiten, Ableiten von Konsequenzen für richtiges Trinken.

Je nach Leistungsstand der Kinder kann die motivationale Grundlage für eine gesunde Ernährung auch folgendermaßen erarbeitet werden:
1. Die Schüler vergleichen anhand einer Geschichte/ Bilder Lebensgewohnheiten zwischen Steinzeit (vgl. Abb. 15) und heute und erkennen, dass sich die Lebensweise geändert hat und daher die Ernährung auch ändern muss (Motivation für gesunde Ernährung entwickeln).

Ich lebe gesund:	Ich lebe gesund:
Ich esse möglichst viel.	Ich esse möglichst wenig, nur bis ich satt bin.
Ich esse möglichst fett und süß.	
Ich bewege mich möglichst wenig.	Ich esse möglichst wenig Fett und Zucker. Ich bewege mich möglichst viel.

Abb. 15: Impuls zum Vergleich unterschiedlicher Ernährungsgewohnheiten in verschiedenen Zeiten

2. In einem Gespräch wird der Widerspruch zwischen den Aussagen beider Kinder thematisiert und überlegt, ob beide Kinder Recht haben können.
3. Anhand passender Materialien vergleichen sie die Merkmale der jeweiligen Lebensweise (Bewegung, Nahrungsangebot – Hunger, Fett- und Zuckeranteil in der Nahrung) und erkennen den notwendigen Unterschied einer gesunden Ernährung: (Vergleicht das Leben der beiden Kinder früher und heute. Was wurde/ wird heute gegessen? Wie viel und wie oft wurde/ wird heute gegessen? Wie viel mussten die Kinder (Menschen) sich bewegen/ bewegen sie sich heute?)
4. Es werden Konsequenzen für eine gesunde Ernährung heute abgeleitet. Gleichzeitig wird auch erkannt, warum nicht alles gesund ist, was uns gut schmeckt. Dabei wird überlegt, weshalb es früher gesund war, möglichst viel, fett und süß zu essen und sich möglichst wenig zu bewegen – heute aber nicht (v.a., da der Geschmack (Süßes und Fettes schmecken besonders gut) damals ein Anreiz war, entsprechende Nahrung zu suchen, heute aber dazu verleitet, sich falsch zu ernähren).

- Alternativ zu den oben genannten Vorschlägen, können ähnliche Unterrichtsmaßnahmen zum Thema „Zusammenhang zwischen Ernährung (Zuckergehalt) und Zahngesundheit" durchgeführt werden, um mögliche Probleme zu erkennen und um Handlungskonsequenzen (Ernährungsverhalten, Zahnhygiene) abzuleiten.

Unterstützte Kompetenzen:
Schülerinnen und Schüler können:
- Maßnahmen gesundheitsförderlichen Verhaltens (hier gesunde Ernährung, Zahngesundheit, Bewegung und Ernährung) mit Blick auf das eigene Leben und das der Mitmenschen beschreiben, bewerten und entsprechend anwenden
- Merkmale einer ausgewogenen Ernährung (Konzept der optimierten Mischkost bezogen auf die Aspekte Fett- und Zuckergehalt) beschreiben, Ernährungsverhalten mit Hilfe eines Ernährungsprotokolls untersuchen, Formen von Fehlernährung erkennen (Nahrungsmittel: z.b. anhand des Anteils von Gemüse und Obst, Fett, Zucker, Salz; Ernährungsverhalten: z.b. anhand der Anlässe, Zeiten und Mengen der Nahrungsaufnahme) und Alternativen einer gesundheitsfördernden Ernährung suchen und anwenden (z.B. neue Geschmackserfahrungen, erstellen eines Rezeptbuchs)
- Formen der Abhängigkeit/ Sucht (z.B. Naschen und Medikamenteneinnahme) und suchtbegünstigende bzw. präventive Faktoren (Kummeressen) erkennen und beschreiben

Hinweise, wie Kompetenzentwicklungen sichtbar werden und auch beurteilt werden können:
- Kennen die Kinder den Unterschied zwischen empfohlenen und geduldeten Lebensmitteln (bezogen auf den Fett- und Zuckergehalt) und können sie die Lebensmittel aus dem täglichen Bedarf entsprechend unterscheiden und gruppieren?
- Können sie ihre eigenen Ernährungsgewohnheiten mit Blick auf relevante Merkmale (hier Fett- und Zuckeranteil) analysieren und mögliche Probleme benennen?
- Sind sie bereit, gegebenenfalls bestimmte Gewohnheiten zu verändern?
- Erfassen und benennen sie wichtige Merkmale (Übergewicht vermeiden, Krankheiten vorbeugen, Leistungsfähigkeit erhalten/ steigern) der Bedeutung gesunder Ernährung und können sie dazu argumentieren?
- Können sie unterschiedliche Geschmacksrichtungen bei verschiedenen Nahrungsmitteln wahrnehmen und benennen?
- Sind sie in der Lage, sich angemessen an der Vorbereitung und Durchführung eines gemeinsamen Frühstücks zu beteiligen?

– Bei der alternativen Möglichkeit: Können die Kinder die Merkmale der Lebensweise früher (Steinzeit-Jäger und Sammler) und heute benennen, erkennen sie den Zusammenhang zwischen Lebensweise und Ernährung und können sie dazu angemessen argumentieren?

Materialien:
Giest, H. & Hintze, K. (2007): Für einen aktiven Gesundheitsbegriff. *Grundschulunterricht, 6,* S. 10-18.
Giest, H. (2009): *Zur Didaktik des Sachunterrichts.* Potsdam.
Giest, H. & Hintze, K. (2011): Verbrauchen statt speichern! Energie als Thema der Gesundheitsbildung und seine Umsetzung im Sachunterricht. *Grundschulunterricht, 4,* 12-19.
Diverse Materialien findet man auch im Angebot der Bundeszentrale für gesundheitliche Aufklärung (BzgA) unter http://www.bzga.de/; http://www.bzga.de/ernaehrung-klasse1-6; siehe auch http://www.kindergesundheit-info.de/themen/ernaehrung/.

6.9 Beispielhafte Lernsituation „Medien" (für die Jgstf. 3/4): Recherchieren/ Vergleichen

Lernsituation/ Ausgangslage:
Schülerinnen und Schüler sind alltäglich mit der Vielfalt an aktuellen Nachrichten aus verschiedenen Medien konfrontiert. Diese Auswahl ist allerdings zumeist vordefiniert, da familiäre Gewohnheiten, bestehende Abonnements oder erzieherische Prinzipien die Medienauswahl einschränken. Da gerade durch die Neuen Medien die Möglichkeiten zur Informationssuche und Recherche nahezu unbegrenzt sind, ist die Auswahl und die Einschätzung des Nachrichtengehalts aus verschiedenen Quellen entscheidend, um Informationen möglichst objektiv zu erhalten. Dies betrifft vergleichsweise wenig kontrollierte Informationsquellen aus dem Internet, gleichermaßen aber auch Medien, die bestimmte Ziele verfolgen (wie z.B. Zeitschriften, die bestimmten Ideologien, Parteien oder Religionsgruppen nahe sind). Doch auch klassische (und der Manipulation unverdächtige) Medien greifen zunehmend auf nicht eigens verifizierte Quellen zurück, indem lediglich ein Hinweis wie „Internetvideo", „Quelle: Youtube" o.Ä. eingeblendet wird. Es bleibt zunehmend dem Endnutzer überlassen, den Quellenwert einzuschätzen und in Bezug auf das eigene Informationsbedürfnis zu setzen. Die Quelleneinschätzung ist daher von essentiellem Interesse beim Umgang mit Informationen aus Medien.
Dies kann besonders gut in einer Lernsituationen „Recherchieren/ Vergleichen" umgesetzt werden, in der die Informationsentnahme selbst Thema des Unterrichts ist; allerdings ist bei der Auswahl der Rechercheaufgabe darauf zu achten, dass es um für Schülerinnen und Schüler bedeutsame oder interessante Themen geht, die eine vertiefte und auch inhaltliche Auseinandersetzung anregen.

Aufgaben und Aufträge:
1. Die Schülerinnen und Schüler tragen zu einem für sie bedeutsamen bzw. interessanten Thema möglichst viele Informationen aus unterschiedlichen Medien zusammen. Dabei ist zu jeder Information die Quelle und ggf. der Autor/ die Autorin zu nennen bzw. zu recherchieren. Da bei stark diskursiven Themen (wie z.b. inklusive Bildung für alle Kinder, erneuerbare Energien/ Atomausstieg, Ausbau eines Flughafens oder einer Umgehungsstraße) sowohl die Bandbreite der Informationen als auch die Elemente der Meinungsbildung ausgeprägter sind, bieten sich solche kontroversen Themen an.
2. Die Nachrichten und Informationen verschiedener Medien werden (z.b. auf Stellwänden oder an der Tafel) geordnet und auf ihren Informationsinhalt geprüft. Leitende Fragen können dazu sein: Was wird genau beschrieben? Gibt es überall die gleichen Informationen? Fehlen bestimmte Informationen – und: Wären diese wichtig? Gibt es Unterschiede in der Argumentation? Erkennt man, welche eigene Meinung der Autor/ die Autorin hat? Wie werden Grafiken/ Fotos eingesetzt? Unterstützen diese den Textgehalt?
3. Eine weitere Recherche der Quelle und ihres Hintergrunds stellt zusätzliche Bezüge her und lässt eine Einschätzung der Aussagekraft des ursprünglichen Artikels/ der Nachricht zu. Leitende Fragen könnten hier z.B. sein: Wer ist der Autor/ die Autorin des Textes? Was publiziert diese Quelle noch? Welche Beiträge stehen in unmittelbarer Nähe? Wer ist Träger (Finanzier) dieses Mediums? Diese Aufgabe lässt sich auch gut an Teams/ Gruppen delegieren oder von zu Hause vorbereiten; die Ergebnisse der Recherchearbeit werden dann der Klasse präsentiert. Mögliche Schwierigkeiten bei dieser Recherche lassen eine erweiterte bzw. vertiefte Einschätzung zu und verdeutlichen die (In)Transparenz von Nachrichten und deren Generierung.
4. Aus den verglichenen Quellen sowie deren Einschätzung und der Interpretation der Aussagekraft können Fakten von Meinungen getrennt, und es können anschließend die „Rohdaten" selbstständig interpretiert werden. Die Ergebnisse der Medien- und Nachrichtensammlung sowie eine daraus gemeinsam erstellte Dokumentation sollten als verifizierte „Klassennachricht" z.B. als Schulzeitungsbeitrag oder als Leserbrief publiziert werden.
5. Wenn möglich, können diese Erkenntnisse auch in entsprechenden Foren oder Wikis des Web 2.0 publiziert werden, indem entweder bestehende Beiträge verändert werden oder der eigene Beitrag so eingestellt wird, dass er selbst veränderbar ist. Durch die Beobachtung des eigenen Beitrags kann die (z.T. nur wenig kontrollierbare) Veränderlichkeit von Information gut veranschaulicht und erlebt werden.
6. In einer anschließenden Diskussion wird anhand der recherchierten Beispiele besprochen, inwieweit die Vielfalt von Medien und damit die Möglichkeit,

Informationen und Meinungen aus unterschiedlichen Quellen zu erhalten, wichtig ist, um Missbrauch zu verhindern.

Ergänzende Möglichkeiten/ vergleichbare Alternativen:
– Ergänzend könnte ein Langzeitprojekt aus dieser Diskussion entstehen und z.b. mit Redakteuren einer lokalen Zeitung zusammengearbeitet werden. (Hierzu gibt es häufig schon Erfahrungen von Zeitungen, allerdings meist mit Schülern der Mittelstufe.) Insbesondere regionale Schwerpunkte bieten sich an, z.B.:
- Krötenwanderung: Befragung von Experten, wann Hauptwanderungszeiten sind, welche Hindernisse überwunden werden müssen. Abwägung zwischen den verschiedenen Interessen, Hilfsmaßnahmen, Zusammenarbeit mit Umweltschützern vor Ort, Information der Autofahrer usw.
- Verkehrsmessungen vor dem Schulgelände: z.B. Wie viele Autos fahren hier pro Stunde? Wie viele Insassen sind in den Autos? Wie lange parken bzw. halten sie? Gibt es Zonen mit Geschwindigkeitsreduzierung?

Hieraus können sich Infobroschüren/ Plakate/ Flyer/ Flashmob u.Ä. entwickeln, die sich an die relevante Zielgruppe (Eltern, Lehrpersonen, Nachbarschaft) richten. Die Entwicklung dieser Broschüren wiederum führt auf den Ursprung der Aufgaben zurück (s. 2.): Informationsgehalt und Zielsetzung der Publikation.

– Möglich ist auch, durch einen Austausch mit anderen Klassen in der Nähe oder in anderen Städten eine Vernetzung bzgl. des Themas zu erreichen und ggf. gegenseitige Recherchehinweise und -aufträge zu geben. Dies bietet sich vor allem bei Themen an, die überregional von Interesse sind und mehrere Gemeinden/ Städte betreffen. So kann man z.B. den Lärmpegel in den verschiedenen Landeanflugschneisen einer Stadt messen, eine gemeinsame Lärmpegelkarte erstellen und diese mit offiziellen Dokumenten vergleichen. Ähnliches ist für viele Messungen und damit Themen möglich, wie z.B. Niederschlag, Temperatur, Radioaktivität, Windrichtung/ -geschwindigkeit, Verkehrsdichte.

– Das Grundproblem zum Informations- und Wahrheitsgehalt einer Quelle lässt sich auf verschiedenste Themen ausweiten und führt u.a. zu der Frage von Verlässlichkeit von Fotos und zur kritischen Einschätzung von Veröffentlichungen. Es ist dabei gut möglich, sich auf ein Informationsmedium zu konzentrieren und die Aufarbeitung von verschiedenen Themen in verschiedenen Tageszeitungen zu besprechen oder auch ein Thema und den Einbezug von vielen Medien (wie z.B. Zeitung, Blog, Webseite, Twitter, Webcam). Je nach Thema bietet sich auch eine Kombination oder die Aufteilung in verschiedene Gruppen mit konkreten Aufträgen an. Eine Gruppe könnte sich eine Einschätzung aufgrund von Zeitungen bilden, die dann wiederum von einer anderen Gruppe im Internet recherchiert wird.

Materialien:
Verschiedene Medien: Zeitungen, Zeitschiften, Broschüren (Hersteller, Träger), Internetseiten, Foren, Wikis, Fernsehnachrichten, Reportagen, Blogs, Rundfunknachricht usw.

Unterstützte Kompetenzen:
Schülerinnen und Schüler können:
– verschiedene Medien benennen und zwischen Gerät und Zweck (z.B. zur Kommunikation, Information oder Unterhaltung) unterscheiden
– erkennen, dass verschiedene Inhalte verschiedenfach medial repräsentiert werden und geeignete Formen zur Informationsgewinnung und zur Kommunikation nutzen (verschiedene Zeitungen, z.b. im Vergleich Tageszeitung und Internet oder Artikel vs. Reportage)
– verschiedene Informationsformen erkennen und nutzen (z.b. Textarten, Karten, Grafiken, Tabellen) und dabei Lesehilfen (wie z.b. Legenden, Symbole) erkennen und verwenden
– zu Informationen aus der Berichterstattung in Medien Fragen stellen, selbstständig dazu Informationen gewinnen und eigene Sichtweisen dazu begründet darstellen (z.b. zu Naturereignissen, zu Berichten über Menschen in (umwelt-)gefährdeten Gebieten, zu Konflikten zwischen Bevölkerungsgruppen, zu wirtschaftlichen Themen)
– in verschiedenen medialen Beständen (z.B. in Bibliotheken, Datenbanken, Wikis, Archiven, Lehrmitteln, Kindersachbüchern, Nachschlagewerken oder Kinderwebseiten) und/ oder zur Verfügung stehenden medialen Diensten nach Informationen suchen und Hilfsmittel (z.B. Kataloge, Schlagworte, Suchmaschinen) gezielt einsetzen, die dort gewonnenen Informationen vergleichen und verarbeiten, eine Auswahl daraus treffen und gezielt für Information oder Kommunikation einsetzen
– eigene mediengestützte Beiträge in der Klassenöffentlichkeit und in inter- oder intranetgestützten Foren gestalten und die Reichweite und Veränderbarkeit von Medien und deren Inhalten (z.b. durch die Mitarbeit an Wikis) erkennen
– Chancen und Gefahren der medialen Verbreitung von Informationen und persönlichen Daten einschätzen und einen Umgang in Bezug auf verschiedene Medienträger entwickeln (Leserbriefe, Postings, Soziale Netzwerke)

Hinweise, wie Kompetenzen und deren Entwicklungen sichtbar werden und beurteilt werden können:
– Wie detailliert geschieht die Recherche zur Einstiegsfrage? Wie viele und welche Quellen werden hier verwendet?
– Bei der Darlegung der Ergebnisse aus den Erkundungen und Recherchen der Einzel-, Team bzw. Gruppenarbeit: Werden Unterschiede der medialen Wirkung klar benannt und mögliche Gründe für diese Unterschiede formuliert?

– Mit Blick auf die Herangehensweise: Welche Informationsträger und welche Informationsmittel werden einbezogen und bearbeitet? Wie werden Ergebnisse dargestellt und präsentiert? Wie werden Fragen aufgeworfen und wie wird nach Antworten gesucht? Wie werden Lernschritte und die Entwicklung von Vorstellungen u.a. dokumentiert? Sind die individuellen und gemeinschaftlichen Leistungen ausgewiesen und können sie dargestellt werden?
– Beim Austauschen, Ordnen, Strukturieren, Verknüpfen: Werden Beziehungen (zwischen Quelle, Autor/ Autorin, Träger/ Medium und der Information) erkannt? Wie werden andere Perspektiven und Situationen wahrgenommen und beschrieben? Wie wird zu Fragen argumentiert? Sind dabei qualitative Entwicklungen bei den Kindern beobachtbar?
– Mitarbeit an der „Klassennachricht": Werden begründete Kriterien für die Auswahl der Informationen, die in die Klassennachricht aufgenommen werden, benannt? Können die Kinder die Informationen in eine angemessene Form bringen? Werden Teilaufgaben und Arbeiten zuverlässig übernommen und erledigt?
– Zusammenstellung einer persönlichen Dokumentationsmappe zu einem Thema oder eines Portfolios zu dem Projekt: Sind die Ergebnisse aus der Erkundung und Recherche detailliert aufgeführt? Wird der Erkenntnisgewinn mit Blick auf die Unterschiede zwischen den Darstellungen eigenständig reflektiert? Sind die Befragungen und Recherchemaßnahmen zielorientiert?

7 Hinweise zur Evaluation des Kompetenzerwerbs

In diesem Perspektivrahmen werden anspruchsvolle Kompetenzen formuliert. Diese beinhalten neben Wissens- und Verstehensbeständen sowie praktischen Fähigkeiten und Fertigkeiten auch motivationale, volitionale und soziale Bereitschaften und Fähigkeiten (vgl. Kap. 1.1). Es muss ein Anliegen des Sachunterrichts sein, einen Einblick zu erhalten, inwieweit die Schülerinnen und Schüler die im Unterricht angestrebten Kompetenzen auch tatsächlich erworben haben. Ein solcher Einblick ist für die Kinder (und für ihre Eltern) wichtig, damit sie Lernerfolge erkennen können; er ist jedoch auch für die Lehrpersonen hilfreich, wenn sie über die Qualität ihres Unterrichts reflektieren und gegebenenfalls Hinweise auf Verbesserungen suchen. Daneben ist es – auch wenn man die Allokationsfunktion von Leistungsbeurteilungen in der Grundschule kritisch sehen mag – unerlässlich, Entscheidungen über den weiteren Bildungsweg nach der Grundschule auch auf den komplexen und vielschichtigen Kompetenzerwerb im Sachunterricht zu gründen.

Von daher muss der Kompetenzzuwachs im Sachunterricht evaluiert werden und evaluierbar sein. Dazu wiederum müssen Wege gefunden werden, mithilfe derer Schülerinnen und Schüler zeigen können, inwieweit sie in der Lage sind, die

erworbenen Kompetenzen umzusetzen. Sinnvolle Formen, anhand derer der unterrichtliche Lehr-/ Lernerfolg überprüft (und dann gegebenenfalls auch zensiert) werden könnte, wären z.b.
- „Forscherdiplome", in denen die Schülerinnen und Schüler zeigen müssen, dass sie z.b. in der Lage sind, einen Versuch aufzubauen, eine Befragung durchzuführen oder eine Quelle auszuwerten
- Expertenreferate
- Portfolios (bei denen die Bewertungskriterien mit den Schülerinnen und Schülern gemeinsam festgelegt werden können)
- Ergebnisse projektartiger Arbeit, in denen die angeeigneten Kompetenzen ihren konkreten Niederschlag finden (z.b. Dokumentationen, Ausstellungen, Sammlungen, Konstruktionen, Darstellungen, Modelle, Gestaltungsarbeiten)

Daneben ist es natürlich sinnvoll, herkömmliche Lernzielkontrollen so zu verändern, dass sie nicht nur Wissen, sondern Kompetenzen in dem beschriebenen vielseitigen und anspruchsvollen Sinne überprüfen, z.b. indem gezielt kontroverse Einstellungen oder Erklärungen einander gegenübergestellt werden sollen, eine technische Problemlösung zu beurteilen ist oder eine Verkehrssituation angemessen eingeschätzt werden muss.

Eine wesentliche Voraussetzung für ein kompetenzorientiertes Erheben der Lernresultate ist das Ausweisen von möglichst konkreten Kompetenzzielen in der Unterrichtsplanung. Vor allem wenn es sich um komplexere Lernanforderungen handelt, kann das im Perspektivrahmen vorgestellte Kompetenzmodell hierbei als heuristische Grundlage genutzt werden. Je konkreter Lehrziele unter Nutzung der im Kompetenzmodell vorgeschlagenen Kompetenzaspekte formuliert werden können, umso klarer sind Aussagen über das Erreichen dieser Ziele durch die Schülerinnen und Schüler möglich.

Es ist an dieser Stelle nicht möglich, für die einzelnen Perspektiven bzw. die perspektivenübergreifenden Themen aufzuzeigen, wie der Erwerb von Kompetenzen angemessen nachweisbar gemacht werden kann. In den beispielhaften Lernsituationen (vgl. Kap.6) haben wir jedoch exemplarisch dargestellt, wie man als Lehrperson einen Einblick in die jeweiligen Kompetenzentwicklungen und -ausprägungen erhalten kann.

8 Sicherung von Voraussetzungen für den Sachunterricht

Der vorliegende Perspektivrahmen zeigt, welchen Beitrag der Sachunterricht zur grundlegenden Bildung der Schülerinnen und Schüler leisten kann sowie welche vielfältigen und anspruchsvollen Lerngelegenheiten er bereitstellt. Damit dieses Lern- und Bildungspotenzial des Sachunterrichts auch in der Unterrichtspraxis ausgeschöpft werden kann, bedarf es jedoch der Sicherung und des Ausbaus stützender Rahmenbedingungen. Dazu gehören vor allem

Ausreichende Unterrichtszeit
Sachunterricht benötigt ausreichende Unterrichtszeit, damit die Schülerinnen und Schüler die Möglichkeit haben, sich selbstständig Wissen aufzubauen und ein echtes Verständnis für Konzepte, Zusammenhänge und Themenbereiche zu entwickeln sowie dieses Wissen ausreichend zu kommunizieren und zu reflektieren. Genügend Zeit ist auch erforderlich, um die Lerngewinne und Kompetenzzuwächse der Schülerinnen und Schüler angemessen erheben bzw. evaluieren zu können.

Angemessene Ausstattung der Schulen
Wenn die Schülerinnen und Schüler die Möglichkeit bekommen sollen, fachgemäß zu handeln und Kompetenzen aufzubauen, ist eine sachangemessene Ausstattung der einzelnen Schulen, aber auch der Medienstellen unabdingbar. Beispiele dafür sind historisches Quellenmaterial, Materialien zur Durchführung naturwissenschaftlicher Experimente oder technisches Werkzeug. In diesem Zusammenhang ist auch der Ausstattung mit digitaler Technik besondere Aufmerksamkeit zu schenken.
Darüber hinaus ist der Sachunterricht angewiesen auf originale Begegnungen und authentische Erfahrungen. Grundschulen sollten daher über die Mittel verfügen, Kindern bedeutsame Phänomene in inner- und außerschulischen Erfahrungsfeldern aufzuschließen.
Auf Grund der besonderen Anforderungen des Faches auf dem Hintergrund der vorzufindenden Ausbildungssituation ist es anzuraten, dass Lehrerinnen und Lehrer in Fachgruppen an den Schulen und darüber hinaus eine intensive Kooperation pflegen, indem sie z.B. Unterrichtsmaterialien gemeinsam entwickeln und diese austauschen, indem sie im Team unterrichten sowie indem sie außerschulische Lerngelegenheiten gezielt für den Unterricht gemeinsam nutzbar machen.

Unterrichtliche Gestaltungsspielräume
Eine breite Umsetzung der im Perspektivrahmen dargestellten Ideen in Unterrichtswirklichkeit ist nur dann möglich, wenn die Vorschläge des Perspektivrahmens Sachunterricht auch weiterhin entsprechend in den Richtlinien, Kerncurricula bzw. Lehrplänen der einzelnen Bundesländer aufgegriffen werden. Zu bedenken ist dabei, dass ausreichende Freiräume gegeben sein müssen, um die jeweiligen Lernvoraussetzungen der Schülerinnen und Schüler berücksichtigen zu können. Strenge, eng führende curriculare Vorgaben oder zentral gesteuerte Lernkontrollen sind aus diesem Grund abzulehnen.

Spezifische Kompetenzen für Sachunterrichtslehrerinnen und -lehrer
Entscheidende Bedingung für einen nachhaltig bildungswirksamen Sachunterricht ist die professionelle Kompetenz der Lehrerinnen und Lehrern, Sachunterricht vorzubereiten, durchzuführen und zu analysieren. Sie müssen im Stande sein, die dargestellten Perspektiven kompetent in ihrem Unterricht umzusetzen und sie auch miteinander zu verbinden. Hierzu sind in gleichem Maße fachliches, fachdidaktisches und pädagogisch-psychologisches Wissen erforderlich. Darüber hinaus benötigt es entsprechende Überzeugungen, selbstregulative Fähigkeiten sowie die Motivation, Sachunterricht anspruchsvoll zu unterrichten und so die Schülerinnen und Schüler in ihren Lernprozessen angemessen zu fördern.

Die Lehrerinnen und Lehrer sollten bei ihrer Unterrichtsvorbereitung in der Lage sein, in komplexen Situationen und Problemfeldern sowie anhand komplexer Fragestellungen inhaltsbezogene Anknüpfungspunkte für die sachbezogenen Auseinandersetzungen zu finden. Dazu sollten sie auch unterstützende schulische wie außerschulische Einrichtungen wie z.B. Schulgärten, Waldschulen, Museen, Lebensräume oder ScienceLabs kennen und angemessen nutzen können. Zudem sollten sie gerade hinsichtlich der jeweiligen, zum Teil fachlich orientierten Verfahren selbst handlungskompetent sein, um eine Reduktion auf einfaches deklaratives Wissen (z.B. im Vermitteln und Abfragen von reinem Faktenwissen) zu vermeiden. Dazu gehört auch, dass sie lokale Gegebenheiten kennen, dass sie aber auch in der Lage sind, von diesen im Sinne des exemplarischen Lehrens und Lernens zu abstrahieren und sie in größere Zusammenhänge zu stellen.

Sicherung eigenständiger Studienangebote
Diese Anforderungen, die ein qualifizierter Sachunterricht an Lehrerinnen und Lehrer stellt, erfordern eine explizit sachunterrichtsdidaktische Vorgehensweise auch und gerade während des Studiums. Für sämtliche Studierende, die die Befähigung erhalten sollen, Sachunterricht in der Primarstufe zu unterrichten, ist in Studium und Lehre demnach darauf zu achten, dass der Sachunterricht angemessen berücksichtigt wird. Dies gilt unabhängig davon, ob es ein eigenständiges Primarstufenstudium gibt oder ob das Studium verschiedene Lehrämter kombiniert. Erforderlich sind neben ausreichenden (fach-)inhaltlichen Anteilen auch fächer- bzw. perspektivenübergreifende Inhalte aus spezifisch sachunterrichtsdidaktischer Sicht, z.B. in projektorientierten Studieneinheiten.

Spezielle Lehrerfortbildungen für Sachunterricht
Um Lehrerinnen und Lehrer in einzelnen Lernbereichen gezielt zu unterstützen, muss die Lehrerfortbildung intensiviert werden. Aufgrund der Ausbildungssituation, der Schwerpunktsetzungen vieler Lehrerinnen und Lehrer des Sachunterrichts und der besonderen aktuellen und zukünftigen Anforderungen gilt dies in besonderer Weise für Angebote zur Vertiefung fachlichen Wissens, für Kompe-

tenzen hinsichtlich der Berücksichtigung der Heterogenität der Schülerinnen und Schüler (nicht zuletzt auch mit Blick auf die Herausforderung durch inklusive Strukturen) sowie insgesamt für das kompetenzorientierte Unterrichten. Wünschenswert hierzu wäre auch die verstärkte Einbeziehung der Universitäten in die Maßnahmen der Lehrerfort- und -weiterbildung.